PIERLUIGI ROMEO DI COLLOREDO

TALIANSKI KARASCHOI

LA CAMPAGNA DI RUSSIA TRA MITO E RIMOZIONE

Nam quis nescit primam esse historiae legem, ne quid falsi dicere audeat, deinde ne quid veri non audeat, ne quae suspicio gratiae sit

in scribendo, ne quae simultatis?

Cicerone, *De oratore*, II, 15, 62

ISBN: 978-88-9327-1561   1st edition: Dicembre 2016
Title **TALIANSK KARASHOI - La campagna di Russia tra mito e rimozione (ISE-038)**
By Pierluigi Romeo di Colloredo Mels
Editor: SOLDIERSHOP PUBLISHING. Cover & Art Design: L. S. Cristini.
Prima edizione a cura di Associazione Italia Storica

NOTA INTRODUTTIVA

In contemporanea alla trattazione storico-militare dei fatti d'arme che videro coinvolte le truppe italiane durante l'attacco tedesco all'Unione Sovietica in uscita per i tipi dell'Associazione Culturale ITALIA di Genova[1], con l'amico ed editore Andrea Lombardi abbiamo deciso di pubblicare questo breve lavoro, che del primo è necessario complemento. Se in Croce di ghiaccio abbiamo affrontato in modo il più possibile obiettivo ed esaustivo l'impiego sul campo dei reparti italiani, in questo volume affronteremo invece il mito della campagna di Russia come s'è andato stratificando nella memoria collettiva italiana, vedendo quanto, se, e come corrisponda alla realtà dei fatti.

Questa analisi sarà talvolta, per forza di cose, polemica; saremo costretti a citare più volte autori come il romanziere Nuto Revelli, poiché il contenuto dei suoi libri e degli scritti da lui curati[2] ne fa il capostipite di quello che definiremo il *dogma* della partecipazione italiana alla campagna di Russia: in breve, questa *vulgata* riduce alla sola ritirata dal Don nel 1943 l'intero ciclo di operazioni dello C.S.I.R. e dell'ARM.I.R., e i soldati italiani sono peraltro presentati come una massa mal addestrata ed equipaggiata, per nulla motivata e *antifascista* in fieri.

Dimostreremo in questo studio come tale interpretazione sia tanto faziosa quanto inattendibile storicamente.

La tesi da noi sostenuta è che gli italiani in Russia condussero una guerra ideologica, ben consapevoli di ciò e moralmente motivati, come dimostra l'esame diretto delle fonti, dai rapporti mensili sul morale della truppa delle varie divisioni alla corrispondenza privata, e che combatterono bene, uscendo vittoriosi da *tutti* gli scontri con l'Armata Rossa dall'estate del 1941 all'inverno del 1942, quando i sovietici sfondarono il fronte italiano sul Don.

In questo senso potrebbe anche venir definito da qualcuno un libro *revisionista*.

Termine che non ci piace, poiché usato nel senso denigratorio dei processi staliniani degli anni Trenta[3] del secolo scorso (e una condanna per *revisionismo* comportava generalmente la pena di morte) e perché, ad arte ed in malafede, confuso con il *negazionismo*, che è ben altra cosa[4].

La ricerca storica non può essere congelata sulla base di opportunità contingenti.

A duemila anni dalla data di stesura, rimangono per chi scrive fondamentali le parole di Cicerone da noi riportate in apertura:

Chi infatti ignora che la legge fondamentale della storia consiste nel non osare mentire, poi nell'osare di dire la verità per intero, e nell'evitare qualsiasi sospetto di indulgenza e di favoritismo?

Chi si aspettasse dunque di trovare in questo libro l'esaltazione della *Kreuzzeug* hitleriana contro il bolscevismo oppure l'apologia degli *italiani brava gente* resterà deluso, allo stesso modo di chi cercasse la condanna senza appello degli invasori nazifascisti e la glorificazione dei difensori

---

1 P. Romeo di Colloredo, *Croce di ghiaccio. C.S.I.R ed ARM.I.R. in Russia, 1941-1943*, Genova 2010.
2 Cfr. scheda biografica editoriale in appendice. Da notare come le annotazioni sul fronte russo di Revelli siano definite *rabbiose* dallo storico Thomas Schlemmer a pag. 6 del suo interessante saggio *Invasori non vittime*, Roma-Bari 2005, incentrato sui rapporti tra i reparti italiani e tedeschi durante la campagna di Russia. Il lavoro del ricercatore tedesco, uno dei più validi apparsi sull'argomento, non viene valorizzato dal brutto titolo italiano, inutilmente provocatorio, a fronte di un più tecnico *Die Italiener an der Ostfront 1942/1943. Dokumente zu Mussolinis krieg gegen die Sowjetunion* (Gli italiani sul fronte orientale 1942/1943. Documenti sulla guerra di Mussolini contro l'Unione Sovietica).
3 *Revisionismo* sm. [...] corrente del marxismo fondata sulla revisione critica dei principi dottrinari (*Dizionario Enciclopedico De Agostini*, I – *Lingua*, Novara 1982, s.v.).
4 Ovviamente, il termine *negazionismo* è applicato solo a chi nega gli sterminii nazisti, non a chi nega o giustifica quelli comunisti. Sia chiaro che, per chi scrive, voler negare la *Soluzione finale* è paragonabile al voler sostenere che le piramidi egizie siano opera degli alieni (tesi che pure circolano tranquillamente sui media).

della Santa Madre Russia. Tedeschi, soldati dell'Asse e sovietici si macchiarono durante la guerra sul fronte orientale di crimini tra i più gravi della storia dell'umanità, eppure si tende a ricordare solamente alcuni casi e di una sola parte: ma le fosse di Babi Yar non cancellano la foresta di Katyn più di quanto Dachau possa cancellare Tambov o Suzdal.

In questo quadro, pur non macchiandosi di crimini di guerra tanto efferati[5], gli italiani non furono esenti da macchie. Manca, ad esempio, la documentazione dell'attività antipartigiana della Legione croata dela M.V.S.N., ma non è forse difficile immaginare come, in un quadro di guerriglia con punte di vera atrocità come quella sul fronte orientale, dovessero comportarsi volontari inquadrati da ufficiali ustascia, ferocemente anticomunisti, già veterani della lotta antipartigiana nei Balcani. Del resto come si vedrà, sono documentati alcuni durissimi atti di controguerriglia anche da parte degli italiani, con fucilazione di civili e la distruzione di villaggi.

Si tratta di eventi pochissimo noti, ma che per una corretta valutazione della partecipazione italiana alla campagna di Russia non possono essere taciuti.

Abbiamo ritenuto opportuno dedicare una parte del testo alla trattazione della presunta strage tedesca di una Divisione italiana a Leopoli.

Si tratta di una menzogna creata dal *KGB* [6] alla fine degli anni '50 del XX secolo, durante la Guerra Fredda, e che è periodicamente ricomparsa sotto forme diverse, ricevendo spazio sulla stampa italiana, al punto che, nel 1987, venne formata una commissione parlamentare d'inchiesta, che ne dimostrò - per l'ennesima volta - la falsità.

Poi il crollo del regime comunista e l'apertura degli archivi sovietici mostrarono come a provocare la morte del 94% per cento dei prigionieri italiani in URSS[7] siano stati i fucili sovietici, la fame, le malattie.

Eppure, questa menzogna in quanti scritti viene ancora spacciata per *verità*… La *verità* dei carnefici, e dei loro complici.

Ci è sembrato quindi opportuno riportare il foglio matricolare del Colonnello Mario Carloni, comandante del 6° Reggimento Bersaglieri, esemplare della carriera e delle scelte di molti ufficiali
che combatterono in Russia, fondamentale per comprendere motivazioni e scelte che certa storiografia ha preteso di nascondere.

Per concludere, recentemente è stato rappresentato un lavoro teatrale, intitolato "Talianski", di Pinuccio Bellone. Eccone una recensione molto significativa, a parere nostro:

[…] Svoltasi nel ricordo della tragedia dell'inverno russo che, anche senza moschetti, uccise i nostri soldati durante la seconda guerra mondiale.

Ecco uno spettacolo dal sapore attuale che desta, nell'animo, il dolore nel ricordo di chi, in nome della patria, ha sacrificato la vita e lasciato gli affetti. Chi assiste è travolto da un'impotente e disperato silenzio d' alternative, in un lutto angosciante.

Le musiche, i canti ed il suono d'un'armonica son cornice pittorica ad un quadro che si colora di rintocchi significativi. [...]

---

[5] Schlemmer, pur cercando di trovare elementi in tal senso, deve limitarsi ad alcune fucilazioni di prigionieri, due delle quali (dicembre 1941 ad opera del 3° bersaglieri, estate 1942 ad opera ancora di bersaglieri, stavolta del 6°) giustificate dal massacro dei feriti dell'ospedale reggimentale di Nowaja Orlowka nel primo caso e delle sevizie a prigionieri italiani nel secondo – un terzo caso riportato è pienamente giustificato dalle convenzioni internazionali – ed a dedicare numerose pagine al fatto che gli italiani rubavano le galline... Quanto alle accuse sovietiche avanzate nella nota *Elenco degli invasori italiani fascisti convinti di delitti commessi in territorio dell'U.R.S.S. che era temporaneamente occupato. Elenco aggiornato al 1° luglio 1944*, se ne parlerà ampiamente nel testo.

[6] *Komitet Gosudarstvennoj Bezopasnosti*, ossia "Comitato per la sicurezza dello Stato", i servizi segreti sovietici dal 1954 al 1991.

[7] Nei campi tedeschi morì il 4% degli internati italiani: in parole povere, su cento soldati italiani in Germania ne morirono quattro, in URSS su cento sopravvissero sei.

Lo spettacolo scandisce, passo, passo un'inesorabile ed inevitabile tragedia che ha chiuso nella sua morsa le ultime speranze di molti soldati, ma il nostro Soldato, con la sua ultima lettera in pugno, in punto di morte, vien trovato da una contadina russa, anch'essa in attesa del proprio caro. La donna pronunzia, con la propria figura, l'altra faccia della medaglia, assolutamente sovrapponibile al rovescio opposto, carico delle stesse speranze, sofferenze e disperazione.

Proprio su questa scena il narratore racconta ciò che i contadini russi dicevano dei nostri uomini... "talianski, karasciò!" (italiani, brava gente!)

Su questa scena di morte e sacrificio non c'è più traccia di vinti o di vincitori, vive solo il profondo significato della vulnerabilità dell' umano essere di fronte alla follia di chi non è stato fermato dal buon senso e che ha segnato molte esistenze in un lutto che nessuno dovrebbe mai dimenticare[8].

Appunto, ancora oggi si parla degli *italiani brava gente*, dell'inevitabile *tragedia dell'inverno russo che, anche senza moschetti, uccise i nostri soldati durante la seconda guerra mondiale*, come se il nemico non ci fosse nemmeno stato, come se di fronte non avessero avuto il più potente esercito della Seconda Guerra Mondiale, destinato ad entrare a Berlino due anni dopo, l'esercito che aveva annientato la 6ª Armata di Paulus a Stalingrado, e come se, finiti i combattimenti, i prigionieri dell'Asse non fossero stati vittime della brutalità del trattamento dei prigionieri voluto dal regime stalinista e apertamente sostenuto dai fuoriusciti italiani comunisti come Palmiro Togliatti[9].

Di fronte alla persistente retorica irenista ed antistorica di frasi come *su questa scena di morte e sacrificio non c'è più traccia di vinti o di vincitori* ci pare necessario, a settant'anni dalla partenza dello C.S.I.R. per la Russia, ridare agli italiani l'immagine di soldati e di combattenti, con tutte le ombre e con tutte le luci, gli eroismi e i cedimenti, che accompagnarono i soldati di Messe e di Gariboldi nell'avanzata e nella ritirata finale.

P.R.d.C.

---

8 http://www.ilsestanteblu.it/talians.htm
9 È celebre a tal proposito la lettera di Palmiro Togliatti a Dante Livio Bianco che sollecitava il capo comunista fuoriuscito ad intervenire per migliorare la situazione dei prigionieri italiani:
[...] *Il fatto che per migliaia e migliaia di famiglie la guerra di Mussolini, e soprattutto la spedizione contro la Russia, si concludano con una tragedia, con un lutto personale, è il migliore, è il più efficace degli antidoti* [...]
nella stessa lettera il leader comunista scriveva:
[...] *La nostra posizione di principio rispetto agli eserciti che hanno invaso l'Unione Sovietica, è stata definita da Stalin, e non vi è più niente da dire. Nella pratica, però, se un buon numero di prigionieri morirà, in conseguenza delle dure condizioni di fatto, non ci trovo assolutamente niente di male* [...].
V. Galitzkij, *"Il più efficace degli antidoti". La morte dei prigionieri italiani in Russia*, in S. Bertelli, F. Bigazzi (curr.), *P.C.I.: la storia dimenticata*, Milano 2001, pp. 199-221 con documenti in appendice. Il titolo del saggio è una citazione della famigerata frase del *Migliore* sopra riportata [sul tentativo di una certa parte della *società civile* italiana di negare o minimizzare il contenuto della lettera di Togliatti a Bianco, v. l'approfondimento a pag. 85 del presente libretto, NdE].

Oggi non ci sarebbe la marcia su Mosca, marcia che sarà infallibilmente vittoriosa, se vent'anni prima non ci fosse stata la Marcia su Roma[10].

Benito Mussolini, 3 luglio 1941.

La visibilità divenne nulla, come ciechi i marciatori continuarono a camminare affondando fino al ginocchio, piangendo, bestemmiando, con estrema fatica avanzando di trecento metri in mezz'ora. Come ad ogni notte ciascuno credeva di morire di sfinimento sulla neve, qualcuno veramente s'abbatteva e veniva ingoiato dalla mostruosa nemica, ma la colonna proseguì nel nero cuore della notte.

Giulio Bedeschi, *Centomila gavette di ghiaccio*.

---

10   B. Mussolini, discorso in commemorazione di Italo Balbo, 3 luglio 1941.

INVASORI FASCISTI O TALIANSKIJ KARASHOI?
LA CAMPAGNA DI RUSSIA TRA MITO E RIMOZIONE

Nelle due citazioni riportate in apertura a questo capitolo c'è tutta la distanza tra le affermazioni del Regime e la realtà di un impegno su un fronte sconfinato contro un nemico ben più armato e molto spesso feroce. Un impegno, quello dello C.S.I.R. prima e dell'ARM.I.R. poi, conclusosi con due aspre prove, la difficile ritirata e la prigionia in condizioni durissime (nella tabella intitolata *"I prigionieri italiani nella seconda guerra mondiale"*, riportata nella Relazione del Delegato italiano presso la Commissione dell'ONU per i prigionieri di guerra, si riportava che su circa 70.000 soldati italiani catturati dall'Armata Rossa dopo la disfatta dell'ARMIR, 10.087 furono rimpatriati, ossia solamente il 14%[11]. Tale percentuale risulta spaventosamente bassa soprattutto se confrontata con le percentuali di prigionieri di guerra italiani rimpatriati dalle altre potenze belligeranti: il 99% dagli Stati Uniti e dalla Francia, il 98% dall'Inghilterra e il 94% degli IMI[12] dalla Germania).
Con il passare del tempo e la scomparsa dei protagonisti, la partecipazione italiana alla guerra sul fronte orientale s'è andata ammantando di un mito che potremmo definire *buonista*.
Non c'era alcun limite nel romanzare gli avvenimenti con un'operazione che non aveva nulla a che fare con la storia, ma faceva grande presa sul pubblico, scrive Thomas Schlemmer in apertura del suo saggio.
In tutti i racconti, a prescindere dalla loro autenticità, un aspetto centrale dell'interpretazione rimase sempre lo stesso, e cioè la stilizzazione del soldato italiano come vittima: vittima della politica criminale del regime fascista; vittima di una guerra spietata contro l'Armata Rossa, contro la vastità del territorio e la natura inclemente; ma soprattutto vittima degli infidi fratelli d'arme tedeschi che avrebbero abbandonato, anzi, tradito, i loro alleati che combattevano valorosamente[13].
Secondo questa interpretazione, divulgata in ambito letterario principalmente da Nuto Revelli[14], autore la cui opera citeremo spesso come sintesi dei luoghi comuni sulla campagna di Russia, migliaia di buoni contadini ed operai italiani, vestiti da militari ma pacifisti nell'animo, sono inviati a piedi, totalmente disorganizzati, con scarpe di cartone e l'antiquato fucile '91[15], a migliaia di chilometri da casa, per i folli disegni di Mussolini e della sua corte di gerarchi e per compiacere il suo padrone Hitler.
Giunti in Russia, gli italiani si rendono conto, prosegue la leggenda *politically-correct*, che in realtà i sovietici sono brava gente (a differenza dei tedeschi, padroni più che alleati, e considerati più nemici dei russi; Revelli scriverà *i tedeschi* erano *i veri nemici*), lavoratori e contadini come gli italiani - stranamente dimenticando che la maggior parte dei fanti di origine contadina, *contadini*

---

11   V. Galitzkij, *"Il più efficace degli antidoti". La morte dei prigionieri italiani in Russia*, in S. Bertelli, F. Bigazzi (curr.), *P.C.I.: la storia dimenticata*, Milano 2001, pp. 199-221, e id., *Il tragico Don. L'odissea dei prigionieri italiani nei documenti russi*, Varese 1993, passim.
12   Internati Militari Italiani, i militari del Regio Esercito catturati dopo l'8 settembre 1943 e internati nei *Lager* tedeschi.
13   Schlemmer 2005 p. 4.
14   Revelli "era stato tra i primi attori di questa narrazione radicalmente anti-tedesca, legando strettamente l'odio per gli alleati, maturato durante la campagna, con la sua scelta di prendere le armi nella guerra partigiana", M. Mondini, *Memorie contro. Nuto Revelli e la strada del «davai»*, in id., *Alpini. Parole e immagini di un mito guerriero*, Roma-Bari 2008. Revelli attenuerà in seguito questo "odio", scrivendo anche di un "tedesco buono" nel suo *Il disperso di Marburg*, Torino 1994, NdE.
15   Lo stereotipo dell'*antiquato fucile risalente al 1891* tradisce in pieno la malafede o la disinformazione di chi se ne serve; anche chi ha solo una infarinatura di storia militare sa bene che il soldato italiano era in buona compagnia, poiché il fucile a ripetizione manuale ordinaria, perfezionato a fine Ottocento, fu l'arma standard della fanteria di quasi tutti gli eserciti durante l'intero secondo conflitto mondiale: l'ordinanza tedesca, il *Mauser K98k* derivava infatti da un modello del 1898, quella inglese da un modello introdotto nel 1895 e quella sovietica nel 1891, e prima dell'adozione del fucile semiautomatico *M1 Garand* l'esercito americano aveva in dotazione lo *Springfield M 1903*, basato sull'azione del *Mauser*. V. anche nota 75, NdE.

in divisa come li chiama Revelli, almeno di quelli provenienti dal centro-nord (come quelli della *Pasubio*, laziali e mantovani, i lombardi della *Ravenna*, i friulani e gli emiliani della *Tagliamento*, gli alpini) erano piccoli proprietari terrieri e coltivatori diretti, categoria sterminata da Stalin con l'uccisione dei *Kulaki* negli anni '30 del 1900[16] - anzi, capiscono che il vero nemico sono gli arroganti e sadici nazisti, che sfruttano e massacrano la popolazione, e i loro tirapiedi fascisti. Riportiamo di seguito un esempio tra i tanti di questa tesi:

Da questo aiuto (non richiesto dalla Germania) i tedeschi seppero servirsi, in molti casi, con molto cinismo, come accadde nella battaglia di Stalingrado dove, la VI armata di Von *(sic!)* Paulus ormai disfatta, per proteggersi la ritirata si servì degli italiani, mandandoli contro una morte quasi certa pur di tenere il fronte e proteggere la loro fuga[17]

Questa citazione compare in un sito internet (*www.edscuola.it*) a carattere didattico ed educativo. Eviteremo commenti su che scuola possa essere quella in cui si insegni che Paulus si ritirò da Stalingrado facendosi scudo degli Alpini italiani o di chi ha scritto questa perla di conoscenza storica! Diverse delle citazioni del romanziere piemontese qui riportate sono prese dal suddetto sito, che raccoglie molti suoi interventi. Se gli attacchi a tedeschi, fascisti, generali e monarchi abbondano, si cercherà invano una singola parola di condanna dello stalinismo e del trattamento inflitto dall'Armata Rossa ai prigionieri.

I *contadini in divisa*, che non sperano altro che tornare a casa ("a baita", scriverebbe Mario Rigoni Stern, autore del best-seller *Il sergente nella neve* e altro noto divulgatore della vulgata, vedi nota 25) hanno ovviamente il morale bassissimo, nessuna voglia di combattere un nemico che non sentono tale e che non ha fatto loro nulla, ma acquistano finalmente una coscienza politica antifascista. Ecco infatti il Revelli:

Dissi a me stesso: "Questa è la guerra dei tedeschi, non la mia guerra". Ero ignorante, ma incominciavo a interrogarmi, a scegliere, a capire. Poi la vita di linea, sul Don, e nel gennaio '43 l'inizio della fine, il disastro. Ricordo tutto dei giorni e delle notti della ritirata, di quell'inferno. Il 20 gennaio - terzo giorno della ritirata - nell'immensa piana di Postojali, nei 25 gradi sotto zero mi resi conto che avevo capito tutto. [...]
Maledii il fascismo, la monarchia, le gerarchie militari, la guerra[18].

Proseguiamo citando altri passi del primo diario-romanzo di Revelli, *Mai tardi*, pubblicato nel 1946 e poi più volte ristampato, dove compaiono i diversi temi della *vulgata*: il disinganno e il rifiuto della "guerra fascista"…

La tradotta procede lentamente, quasi a passo d'uomo. Con le gambe che ciondolano da un vagone della truppa, osservo la campagna, le cose. Sul fondo di un'ampia radura verdissima, un'isba, un'isola di pace: un tarlo mi rode in testa, rincorro a lungo con la fantasia un sogno che stranamente non mi umilia, che mi piace: disertare[19].

L'impreparazione dei militari italiani…

Quanta pietà! I fanti, quasi tutti meridionali, vivono rannicchiati nelle piccole buche poco profonde: temono i mortai russi e non si muovono mai. Le armi in linea sono schierate senza alcun criterio, i fianchi del caposaldo sono scoperti, un aborto di reticolato corre per un breve tratto e non serve a nulla[20].

I tedeschi temuti e odiati da russi e italiani…

---

16 Conquest 1968, pp. 404 e seguenti.
17 *http://www.edscuola.it/archivio/interlinea/nuto_revelli.htm*.
18 *http://www.edscuola.it/archivio/interlinea/nuto_revelli.htm*.
19 N. Revelli, *Mai tardi*, p. 10, Torino 2001.
20 N. Revelli, ibid., p. 36.

In giro per Dnepropetrovsk sono molti i tedescacci: i kruki comandano dappertutto. I russi hanno un sacro terrore dei tedeschi, più che giustificato d'altronde. I luridi kruki si guardano bene dal salutare gli ufficali italiani: non saluto un superiore tedesco nemmeno se mi accoppano. Kruki della malora[21].

Nello stesso stile, in un libro fotografico di Sergio Zavoli ed Enzo Biagi[22] sono pubblicate due foto di civili russi e soldati dell'Asse, con la didascalia:

I tedeschi guardano indifferenti - Con gli italiani si divide il rancio...

Anche in questa riga troviamo sia quella che dovrà essere l'interpretazione "corretta" dei rapporti tra tedeschi e italiani, ovviamente freddezza se non aperta ostilità, sia gli italiani *karashoi*.

E come poteva Revelli dimenticare gli Alpini mandati a morire nella pianura gelata dal "folle" Mussolini:

Se non era follia, questa: truppe alpine mandate a combattere in quegli scacchieri di guerra: Mussolini, il "grande statista", un disastro anche come esperto di cose militari![23]

Revelli forse ignorava, che – prescindendo dal fatto che tedeschi, rumeni ed ungheresi impiegavano normalmente truppe da montagna in pianura - il Corpo d'Armata Alpino era stato destinato ad essere impiegato sul Caucaso, e venne dirottato sul Don d'urgenza a causa dell'offensiva sovietica dell'agosto 1942. Testimonia von Rintelen che quando l'*OKW* chiese a Roma l'autorizzazione ad utilizzare gli Alpini nel Caucaso,

Mussolini mi espresse la sua grande soddisfazione per una simile sostituzione dei suoi Alpini, che come truppe da montagna non erano né armati né addestrati per una guerra in pianura[24].

Poi, la tragedia della ritirata nella steppa gelata, mentre ufficiali e fascisti fuggono, ed i tedeschi abbandonano gli italiani a morire nella neve. I superstiti torneranno in Italia disillusi sul Regime, pronti a diventare partigiani e a combattere per cacciare i nazisti dall'Italia ed ad abbattere chi ha rovinato l'Italia, a restaurare la democrazia, a far nascere la repubblica antifascista e varare la costituzione; ancora il Revelli:

Se scelsi istintivamente di lottare contro i fascisti e i tedeschi fu perché sentivo nella mia coscienza il peso enorme di quelle decine di migliaia di poveri cristi - la maggior parte "contadini in divisa" - mandati a morire per niente in quella guerra maledetta[25].

Quanto alle decine di migliaia di scomparsi, a parte la colpa esclusiva di chi li mandò in Russia, monarchia, fascismo, stato maggiore, e non dei sovietici, semmai la responsabilità è dei nazisti,

---

21 N. Revelli, ibid., p. 75.
22 S. Zavoli, E. Biagi, *Dieci anni della nostra vita*, Milano 1977.
23 http://www.edscuola.it/archivio/interlinea/nuto_revelli.htm.
24 Rintelen 1947, p. 141.
25 http://www.edscuola.it/archivio/interlinea/nuto_revelli.htm. Oltre a Revelli, anche nel più moderato Mario Rigoni Stern è evidente la tesi *alpino-guerra non sentita-ritirata-partigiano-guerra vera*; citiamo, tra i vari passi in tal senso nella sua opera più famosa, *Il sergente nella neve*, e nei suoi numerosi altri scritti, quanto segue, tratto dal settimanale "Epoca" n. 456 del 28 giugno 1959:
Ricordo le parole che il generale Reverberi mi disse qualche tempo prima di morire [cioè che i sovietici non erano "riusciti a battere" la *Tridentina*, NdE]. Ma quanto ci è costato? Qualcuno ci aveva detto di andare oltre ma il nostro cuore ci ha portati qua. Si avanzava per andare a baita. Allora sì che abbiamo lottato per la nostra Italia, per le nostre valli, i nostri campi, le nostre donne.
L'accenno polemico e condiscendente di Rigoni Stern alle parole del Generale Luigi Reverberi, che guidò lo sfondamento della *Tridentina* a Nikolajewka, ci dà lo spunto per ricordare l'accanimento contro Reverberi di una certa parte politica nel dopoguerra (da "Penna nera delle Grigne", n. 9 luglio 1954):
Cessate le ostilità e cominciata l'epurazione, anche l'eroe di Nikolajewka dovette passare sotto le forche caudine delle commissioni di revisione, presieduti da politici settari e spietati, i quali procedevano nei suoi confronti con la stessa acrimonia ideologica con cui contemporaneamente, in Russia, su denuncia del senatore D'Onofrio, i russi procedevano contro Battisti e Ricagno, i due divisionari alpini caduti nelle loro mani. Così Reverberi venne collocato nella Riserva. Si disse che dopo l'8 settembre la sua condotta fosse stata "incerta". L'incartamento di Nikolajewka non ebbe alcun peso sull'immorale giudizio, che troncava la carriera ad uno dei nostri più giovani e brillanti capi.

che, non paghi di averli abbandonati, massacrano i superstiti a Leopoli, una sorta di Cefalonia delle nevi (un falso storico, inventato dalla propaganda sovietica nel 1958 - del resto era inveterata abitudine sovietica attribuire ai nazisti i propri massacri, come potrebbero testimoniare i 14.587 soldati ed ufficiali polacchi della foresta di Katyn - e ripreso più volte in seguito, malgrado la palese infondatezza, dalla stampa progressista e da autori come il solito Revelli, che della commissione d'indagine istituita nel 1987 fece parte[26]).

Tutti temi presenti anche nel famoso film italo-sovietico, *Italiani brava gente*[27], cui collaborò, in piena guerra fredda, anche l'Armata Rossa, il che è significativo...

Abbiamo spesso utilizzato scritti del Revelli per esemplificare i luoghi comuni e la falsificazione sistematica della partecipazione italiana sul fronte orientale. È il caso di inquadrare meglio il personaggio. Fu anche autore di canzoni partigiane (spesso presentate come nate spontaneamente tra i partigiani) in cui come in *Pietà l'è morta* getta le basi della vulgata sul tedesco vero nemico dei combattenti di Russia; ecco, un po' traballanti, i versi:

Un partigiano muore, e
Laggiù sotto terra - trova un Alpino
Caduto nella Russia - con il Cervino.
È morto nella step*pa - assiderato,*
ferito o da amputare - congelato.
Ma prima di morire - ha ancor pregato
Che Dio maledica - quell'alleato.
Che Dio maledica - chi ci ha tradito
Lasciandoci sul Don - e poi è fuggito.

---

26   Sull'argomento Leopoli, si veda più avanti.
27   Film del 1964 di Giuseppe de Santis. Tra le varie scene dove i consueti cliché del "nazista crudele" e dell'"italiano brava gente" e dell'ostilità tra italiani e tedeschi sono esposti in maniera particolarmente ideologica e manichea, come da *vulgata* (Cfr. le considerazioni di Schlemmer qui riportate a pag. 13-14), merita menzione la sequenza del soldato italiano che, frustato nel tentativo di dare del pane a un russo da un ottuso poliziotto militare tedesco, prende quest'ultimo a testate; la scena è tratta pari pari, compreso il nome del soldato, da un libro di Gian Carlo Fusco tratteggiante la guerra d'Albania in modo che attualmente si definirebbe di *docu-fiction*: G. C. Fusco, *Guerra d'Albania*, Palermo 2001.
Abbiamo inserito in appendice una interessante recensione di *Italiani brava gente* apparsa nel dicembre 1964 su "Fiamme verdi", periodico di una sezione ANA, dove è riportata anche l'opinione del Generale Chiaramonti, già comandante dell'80° Fanteria in Russia. È degno di nota come, in quei tempi, molti Ufficiali e soldati veterani fossero spesso pronti a criticare energicamente le produzioni storiche e letterarie, giornalistiche e cinematografiche sulla partecipazione italiana alla seconda guerra mondiale storicamente inesatte o platealmente diffamatorie; oggi, purtroppo, sulla base di tali opere, ricevute invece acriticamente, spesso si fanno tesi di laurea, libri di storia, film e pièce teatrali.
Anche il film del 1969 *I girasoli*, di Vittorio de Sica, con il soldato italiano "disperso" non perché ucciso lungo la strada del *Davai* o morto di stenti a Tambov, ma perché si è rifatto una vita nella ospitale Russia, sembra, come il primo, il prodotto di un congiunto sforzo della *disinformacija* della propaganda sovietica da un lato, e una operazione didattica degli intellettuali italiani comunisti dall'altro (i quali, seguendo le teorie di Gramsci, dovevano essere gli elaboratori della "coscienza morale del popolo"), i cui effetti continuano a perdurare anche a venti anni di distanza dal crollo del muro di Berlino: di recente, infatti, i curatori di un sito internet dedicato ad una unità italiana sul fronte russo sono riusciti a pubblicare quanto segue (i commenti in corsivo sono nostri):
Entrambe le spedizioni ebbero esiti disastrosi e si conclusero senza fortune belliche (*ovviamente sono trascurate le vittoriose battaglie combattute da CSIR e ARMIR dal 1941 al 1942*), nella perdita di un numero ingente di soldati, per lo più dispersi. Si è congetturato che molti dispersi si sbandassero volontariamente nelle campagne russe e ciò portò al conio del soprannome "i girasoli" (*la storia fatta con il cinema...*), poiché ad ogni attraversamento di piantagioni di questi fiori (fra i cui alti fusti era agevole mimetizzarsi) si verificavano, quasi con regolarità, rilevanti diserzioni (*viene riproposto il diffamatorio stereotipo del soldato italiano buono solo a imboscarsi; in realtà, come è noto - c'è poco da "congetturare" in tal senso - i "dispersi", sono nella quasi totalità i morti in prigionia e i caduti in azione della ritirata... difficile comunque trovare "piantagioni di girasoli" nella steppa ghiacciata a ovest del Don*). [...] Circa il trattamento dei prigionieri italiani catturati dai russi, dei quali si è detto che molti siano stati brevemente trucidati (si sostiene, infatti, che più dell'80% dei prigionieri sia stato eliminato nei gulag), anziché correttamente custoditi, è stato oggetto di alcune polemiche politiche il ruolo suppostamente avuto da Palmiro Togliatti, al tempo importante ed influente esponente dell'Internazionale comunista *("si è detto", "si sostiene", "suppostamente"... quando le tragiche vicende dei nostri soldati nei campi di prigionia sovietici, e le pesanti responsabilità dei fuoriusciti comunisti italiani, e di Togliatti in particolare, sono ben documentate da anni).*
Da *http://www.centoventesimo.com/camp_russia/camp_russia.htm*, NdE.

Tedeschi traditori, - l'Alpino è morto,
ma un altro combattente - oggi è risorto.
Ossia il partigiano, appunto.
Sempre Nuto Revelli compose, con Livio Bianco, *La Badoglieide*, in cui accusa il Maresciallo d'Italia perché
A Grazzano giocavi alle bocce,
mentre in Russia crepavan gli alpini...
Viene da chiedersi che colpe avesse per una volta Badoglio, che si era dimesso dalla carica di Capo di Stato Maggiore Generale il 4 dicembre 1940, ritirandosi a vita privata sino al luglio del 1943... ma per Revelli, come per molti altri autori della sua area[28], la storia si fa anche così.
Il Revelli, dopo non essere riuscito a diplomarsi all'Accademia Militare di Modena[29] - da allora conservò una fortissima ostilità contro gli ufficiali di carriera, ostilità che è ben evidente ne *La strada del davai*, Torino 1966, considerando la Milizia fascista come più sana e pura del vecchio e polveroso Regio Esercito oppresso da vecchi ufficiali non toccati dal nuovo clima della Rivoluzione, *fuori dal tempo, superato* (è lo stesso Revelli a parlare) si arruolò nella 3ª Legione Camicie Nere *Subalpina* di Cuneo come capomanipolo, restando nel ruolo ufficiali della MVSN sino al settembre 1943.
Tragga il lettore le conclusioni sull'attendibilità di chi ebbe a scrivere di se stesso che
Io ero stato un giovane fascista, ero nato e cresciuto come tutti i giovani della mia generazione nella retorica, nel trionfalismo del Ventennio. L'Accademia mi aveva in parte disintossicato[30].
Disintossicato al punto da correre ad arruolarsi subito dopo nelle Camicie Nere, sia pure in una Legione territoriale e non combattente, non avendo prestato ancora servizio militare: ci viene in mente un altro verso della *Badoglieide*:
Ti ricordi quand'eri fascista - e facevi il saluto romano...[31]
Lasciamo ora Revelli e torniamo ad analizzare il morale e le motivazioni dei soldati italiani dello C.S.I.R. e dell'ARM.I.R., cercando di non indulgere né nella retorica degli italiani brava gente, *talianskij karascioi*, né a quella del povero alpino abbandonato morente nella steppa dai tedeschi. A tal proposito, se non mancarono numerosi atti di prepotenza e vessazione da parte dei tedeschi durante la ritirata, molto ricordati nella memorialistica, va ricordato come talvolta, in momenti critici del ripiegamento, gli italiani usassero verso i tedeschi gli stessi sistemi[32]. Del resto, i tedeschi hanno molte grandi qualità, ma il tatto non è notoriamente tra esse [33].

---

28   Altri due noti scrittori hanno in comune con Revelli un passato fascista prima ed azionista poi: del Boca, ufficiale *repubblichino* della *Monterosa*, salvo passare alla "resistenza" (quando lavorava al *Giorno* del Boca venne soprannominato *il Centauro* proprio per questo, come ricorda Gianpaolo Pansa), e Bocca, acceso fascista *guffino* (nel 1943 percosse e denunciò l'industriale Paolo Berardi il quale, in uno scompartimento ferroviario nel quale sedeva anche il segretario del GUF Bocca, ebbe la malaugurata idea di dire ad alcuni reduci dal fronte russo che la guerra era ormai perduta. I reduci reagirono – il che la dice lunga sul morale dei combattenti di Russia anche dopo la disfatta, e così anche Bocca, che mollò uno schiaffo al Berardi – Bocca si vantò dell'accaduto sull'organo della federazione fascista cuneense *Provincia Granda*, in un corsivo intitolato *La sberla... e la bestia* – e, giunto il treno alla stazione di Torino, lo denunciò alla Milizia Ferroviaria come disfattista).
29   Tuttavia, in un magistrale sfoggio di disinformazione, la Fondazione Nuto Revelli, nel suo sito web, riporta: "[...] nel settembre 1939 è *brillantemente ammesso* (corsivo mio) alla Regia Accademia di fanteria e cavalleria di Modena. Il 21 luglio 1942, con i gradi di sottotenente [...]". Scrivendo "Brillantemente ammesso", e omettendo di riportare nella scheda il fatto che Revelli non completò il Corso, si porta il lettore a credere che l'allievo Revelli conseguì i gradi da Ufficiale all'Accademia di Modena, NdE.
30   http://www.edscuola.it/archivio/interlinea/nuto_revelli.htm.
31   Verrebbe da applicare anche agli scritti di Revelli la definizione che Palmiro Togliatti diede de *Il deserto della Libia* di Mario Tobino: *Le confessioni di Pinocchio*.
32   Schlemmer 2005 p. 149 riporta diversi esempi in tal senso.
33   Un episodio relativo alla guerra 1914-1918. Quando i tedeschi entrarono ad Udine nell'ottobre 1917, le bande militari prussiane suonarono davanti al Kaiser e all'Imperatore Carlo le marce *Der Königrätzer*, che commemorava la sconfitta austriaca a Sadowa nel 1866, e *Fredericus-Rex Grenadiermarsch*, che ricorda la guerra dei Sette Anni contro Maria Teresa, una cui strofa recita "era bianco

Tuttavia, in linea di massima, i rapporti tra i due alleati furono reciprocamente buoni sino alla ritirata dell'inverno 1942-1943: oltre che nei rapporti ufficiali, nelle memorie e negli epistolari dei combattenti, persino in una lettera pubblicata da Revelli emergono sentimenti di simpatia per i tedeschi.

Scrive l'alpino Claudio Isoardi, del battaglione *Cervino*:

Germania, 21 gennaio 1942 XX° [sic!], Vinceremo!
[…] Il cameratismo dei nostri alleati è spontaneo e molto graziosa la loro simpatia per noi alpini, ci chiamano Alpiniegher, italiano nostro fratello [...][34]

Un esame della corrispondenza dei soldati in Russia mostra una decisa ammirazione per l'efficienza tedesca, non disgiunta dalla consapevolezza di non essere inferiori ai *Landser* come soldati[35].

Basti citare il riassunto mensile sul morale della truppa redatto dal Comando della *Pasubio* nel settembre 1942, ad un mese dalla vittoriosa battaglia difensiva del Don:

Ammirazione della potenza bellica e dei successi germanici nel Caucaso. Coscienza di non esser loro da meno nel valore personale[36].

Cameratismo ribadito anche nel dopoguerra: ricordando proprio la ritirata e la battaglia di Nikolajewka, il Generale Adami, che fu comandante del 5° Alpini, dichiarò in una allocuzione tenuta il 26 gennaio 1956 a Bressanone:

È doveroso poi un tributo di riconoscenza ai nostri valorosi compagni della *Wehrmacht*. I resti dei gruppi corazzati del Colonnello Faut e del Maggiore Fischer che hanno combattuto con gli Alpini con un senso di grande cameratismo. […] Ed il Colonnello Comandante le formazioni tedesche a Skorobib che morente diede da buon soldato la consegna delle sue truppe al Comandante del 5° augurandogli buona fortuna[37].

Parole ben diverse - e forse più aderenti alla realtà sul campo - dell'ostilità, ideologicamente interessata e pervicacemente professata, di Revelli e tanti altri.

Del resto, riguardo la *vulgata* che vuole la maggioranza dei reduci di Russia ostili ai tedeschi tanto da partecipare in gran numero alla "resistenza", la realtà è più sfaccettata: certo non mancò chi si oppose con le armi ai vecchi alleati, ma in realtà un gran numero di reduci aderì alla Repubblica Sociale Italiana, come - per fare qualche esempio tra i moltissimi - il Generale Carloni, già Colonnello comandante del 6° Bersaglieri in Russia, comandante della Divisione *Monterosa* prima e dell'*Italia* poi, il Capitano Morelli, comandante del XXX Battaglioni Guastatori Alpini e poi del Btg. *Valanga* della X^a MAS[38], al Console Ermacora Zuliani, comandante del LXIII Btg. CC.NN., che creò il Reggimento Volontari Alpini Friulani *Tagliamento*, formato in massima parte da Alpini della *Julia* reduci dal fronte orientale[39].

[il colore delle divise austriache] dove gli austriaci avevano resistito". E si trattava di un alleato che parlava la medesima lingua...
34   Revelli 1971, p. 138.
35   Schlemmer 2005, pp. 112 .
36   USSME, DS II 976, DS Divisione *Pasubio* (Nucleo divisionale P - n°1261/ di prot.) del 23/9/1942, Relazione mensile sullo spirito delle truppe.
37   In Zanotti-Morino, *Atti di leggenda, Russia '42-'43*, Sezione ANA di Genova, Genova 1968, pag. 100.
38   È interessante riportare l'inno del *Valanga*, nato durante la ritirata del gennaio 1943:
L'isba calda fu lasciata - nel villaggio presso il Don,
cominciò la ritirata e rombavano i cannon.
Quando a Rossoch siam 'rivati - general non c'era più,
tutti quanti son scappati - guastator pensaci tu.
Alle sette del mattino - il Maggiore ci adunò:A Kalitwa c'è il Cervino *- e a soccorrerlo si va.*
Prigionieri tutti quanti - ma l'alpino disse no!Su Valanga avanti avanti - e all'assalto si scagliò.

39   Cucut 2008 riporta decine di esempi di reduci della *Julia* e della MVSN arruolatisi poi nel *Tagliamento*. I militi provenivano per lo più dalla 55ª Legione Alpina *Friulana* di Gemona, che aveva combattuto nei Balcani contro i partigiani, inquadrata nella *Granatieri di Sardegna*.

La realtà al di là della vulgata: *un Ufficiale tedesco e un Capitano dei Bersaglieri si scambiano scherzosamente i loro copricapo (USSME).*

Il Generale von Tippelskirch, decorando a Gorbakowo il 28 settembre 1942 quaranta combattenti italiani con altrettante Croci di Ferro di 1ª e 2ª classe, tenne il seguente discorso: "La tenace resistenza delle truppe italiane impegnate nella battaglia [...] ha resi vani gli sforzi nemici per attrarre altre forze per alleggerire il fronte di Stalingrado dall'incessante pressione germanica. Vi ringrazio a nome dell'esercito tedesco e di tutti i camerati germanici impegnati sul fronte di Stalingrado per il vostro spirito combattivo e per la vostra tenacia" (USSME).

Anche un reparto fortemente legato alla monarchia come il *Savoia cavalleria* costituì il nucleo dei *Cavalleggeri di Lombardia*, unico reparto montato dell'E.N.R., rimasto in armi sino alla resa con l'onore delle armi concessa dagli statunitensi, o Padre Eusebio Zappaterreni, cappellano degli alpini, Medaglia d'Argento al Valor Militare per essere sfuggito ad un plotone sovietico che già gli aveva fatto scavare la fossa, che l'8 settembre 1943, cappellano della IV Armata in Provenza, passò nella Divisione granatieri corazzati *SS Götz von Berlichingen*[40] e divenne poi Cappellano Generale delle Brigate Nere.

Infine, non si possono non ricordare gli autori di due tra i più bei libri sulla campagna di Russia: Giulio

---

40 La *17. SS-Panzer-Grenadier-Division "Götz von Berlichingen"*, formata nel 1943, combatté nel 1944 in Normandia, a Metz e nella Saar; partecipò poi nel gennaio 1945 all'operazione *Nordwind* in Alsazia. I superstiti della Divisione si arresero a forze americane il 7 maggio 1945 ad Achensee, NdE.

Bedeschi, medico militare e futuro autore di *Centomila gavette di ghiaccio*, Segretario Federale del Partito Fascista Repubblicano di Forlì e Comandante della XXV Brigata Nera *Arturo Capanni* o Mario Gandini, autore dell'altrettanto bello, sebbene ingiustamente dimenticato, *La caduta di Varsavia*, Ufficiale di artiglieria del Gruppo *Colleoni* della X^a MAS.

Non si tratta ovviamente di generalizzare: un gran numero di altri reduci di Russia, a cominciare dallo stesso Maresciallo Messe, rimasero fedeli al re e operarono col Regio Esercito, altri combatterono nella lotta clandestina nelle formazioni monarchiche, indipendenti (come la *Osoppo* in Friuli) e di G.L. - rarissimamente in quelle di orientamento social-comunista - altri ancora, quando la situazione lo permise, assunsero una posizione attendista; tuttavia, da un seppur non esaustivo esame dei dati disponibili per alcuni singoli reparti (vedi nota 42), statisticamente le adesioni maggiori furono per la RSI, il che dimostra come l'assunto che la maggioranza dei reduci di Russia andarono in montagna per combattere i *veri nemici* tedeschi e fascisti - esemplare in tal senso quanto scritto da Lucio Ceva:

Il capitolo russo avrà ripercussioni profonde nella Resistenza antitedesca e antifascista del 1943-1945 per lo spirito di ribellione maturato in molti reduci contro i responsabili politici dell'impresa e contro i tedeschi di cui avevano conosciuto, oltre al poco cameratesco contegno di alleati, anche le atrocità verso i prigionieri e le popolazioni.

Contrapponendo la partecipazione alla "resistenza" dei reduci di Russia all'opposto contegno di quelli d'Africa[41] - sia semplicemente un falso storico smentito dai fatti[42].

Proprio questa distorsione ha portato a cancellare dalla memoria collettiva la forte connotazione ideologica della guerra italiana in Russia, rimuovendo proprio la ragione che fu la causa prima della partecipazione italiana all'invasione dell'Unione Sovietica: quella dell'antibolscevismo.

La maggiore popolarità, sino all'inverno del 1942, della guerra sul fronte russo rispetto agli altri fronti era dovuta proprio all'ostilità diffusa contro il comunismo, ostilità che si dipanò dal biennio rosso alla guerra di Spagna alla "crociata antibolscevica" del 1941, che attrasse tanti giovani europei nelle file delle Legioni di volontari stranieri nella *Wehrmacht* e nelle *Waffen-SS* [43]: l'addetto militare tedesco a Roma, il generale Enno von Rintelen ricordò che

Se la guerra tra gl'italiani non era popolare in sé e per sé, per la lotta contro il bolscevismo ci fu maggiore comprensione[44].

Fu una guerra con una fortissima valenza ideologica. Lo fu per gli italiani, lo fu per i sovietici, come lo fu per i fuoriusciti a Mosca: basti leggere ciò che scrisse Palmiro Togliatti, che definiva l'esercito italiano *le bande mercenarie di Mussolini* [45] invitando i sovietici all'odio ed all'eliminazione fisica dei *criminali fascisti*.

---

41   Ceva 1982, p.11.

42   Ad esempio, l'80% per cento dei reduci della *Julia*, rispetto ad un 10-15% che aderì alla "resistenza", cfr. Cucut 2008 [Ci pare opportuno citare come ulteriore esempio un documento dell'Ispettorato delle Truppe Alpine della RSI (v. appendice), dove è riportato come la maggior parte degli effettivi della Divisione Alpina dell'ENR *Monterosa* provenisse da preesistenti - e disparati - reparti Alpini... dati gli effettivi della GG.UU. a 19.500 uomini, è evidente il considerevole numero di Alpini, e di questi molti veterani, che lungi dall'andare "in montagna", portarono sulle mostrine il Gladio e l'Alloro dell'Esercito Repubblicano. Ossatura della Divisione furono il Battaglione *Exilles*, giunto dal Montenegro, gli ufficiali del Gruppo Alpini Valle, dalla Grecia, e elementi del XX Raggruppamento Sciatori dalla Francia. Nel documento è riportata poi l'intenzione "di riunire" in un Btg. della *Monterosa* "tutti gli elementi, oggi molto dispersi, già dell'8° Rgt. Alpini" della Divisione *Julia*. Un altro reparto Alpino delle FF.AA. della RSI, modesto numericamente ma di notevole efficienza, era poi il Btg. *Moschettieri delle Alpi*, formato ad Aosta, NdE].

43   Sull'argomento, cfr. D. Littlejohn, *Foreign Legions of the Third Reich*, 4 voll., San Jose 1984, F.W. Seidler, *Avantgarde für Europa: Ausländische Freiwillige in Wehrmacht und Waffen-SS*, Selent 2004, H.W. Neulen, *An deutscher Seite*, Monaco di Baviera 1985, e dello stesso autore *L'eurofascismo e la seconda guerra mondiale*, Roma 1982, NdE.

44   Rintelen 1947, p. 138 [che l'antibolscevismo fosse un fattore da non sottovalutare nella società italiana fu rilevato anche dai Servizi d'informazione inglesi in un memorandum sul morale della popolazione italiana, compilato nei primi del 1943 in previsione dello sbarco Alleato in Italia, e quindi delle possibili reazioni degli italiani ad un rovesciamento del regime fascista, NdE].

45   In un discorso da radio Mosca del 1941: *Non vi è mai stata alcuna guerra in cui una delle parti abbia commesso in modo consapevole delitti così efferati come quelli che commettono gli eserciti di Hitler e le bande di Mussolini*. cit. in Messe 1963, p. 360.

La consapevolezza politica della guerra in corso era molto più viva che durante il conflitto 1915-1918, per la capillare opera di propaganda del regime e delle sue organizzazioni, in primis quelle giovanili. Del resto, anche prescindendo dal fascismo, l'avversione per il "bolscevismo ateo" era diffusissima tra le truppe, sia per la forte presenza cattolica che conservatrice e monarchica in parte del corpo ufficiali, soprattutto tra quelli in servizio permanente effettivo. Come disse Mussolini,
Per venti anni i popoli della terra sono stati agitati da questa alternativa, da questo ferreo dilemma: fascismo o bolscevismo, o Roma o Mosca.
L'urto tra i due mondi, che noi abbiamo iniziato negli anni lontani delle squadre della rivoluzione, è giunto al suo epilogo[46].
Nell'ordine del giorno n. 1 del Comando dello C.S.I.R. dell'otto luglio 1941, Zingales, che ancora non aveva dovuto lasciare il comando a Messe per motivi di salute, sottolineò il carattere fascista dell'intervento italiano nell'URSS, e scriveva:
[…] Esso è l'Esercito d'Italia, dove nacque e si sviluppò il Fascismo che ha sempre combattuto ed oggi combatte, per la seconda volta, il bolscevismo.
Il Corpo di Spedizione saprà mantenersi degno della sua missione [...] e raggiungerà con la gloria delle armi, il trionfo dell'Idea.
Era una lotta epica cui il fascismo italiano non poteva sottrarsi, per non scadere totalmente nei confronti del nazionalsocialismo tedesco[47], e d'altro canto era stato il movimento fascista il primo moto
di reazione all'ubriacatura rossa seguita alla Rivoluzione d'Ottobre, e Mussolini il primo nemico del bolscevismo; non a caso la propaganda sovietica parlava solo di *nemico fascista* e di *fascismo* e mai di *nazionalsocialismo*.
Sul primo numero di *"Dovunque!"*, il giornale dello C.S.I.R stampato con mezzi di fortuna al fronte, da soldati per soldati, si leggono le seguenti parole:
Ai combattenti italiani non sfugge l'alto onore di partecipare alla lotta in armi contro il nemico capitale della Rivoluzione Fascista.
Del resto, un esame della corrispondenza scritta dalla truppa conferma la profonda adesione alle motivazioni della guerra vista come lotta contro il comunismo, almeno sino alla disastrosa ritirata dell'inverno 1942-1943, dopo la quale si moltiplicarono le frasi contro la guerra, tanto da arrivare a rimproverare i parenti in Patria quando questi si dimostravano troppo tiepidi verso la guerra[48]:
Noi giovani Italiani con le nostre armi e il nostro coraggio, sapremo dare alla nostra bella Italia la certezza della Vittoria come il nostro amato Duce vuole, il morale è sempre altissimo[49].
Ed un fante scriveva alla famiglia:
Sono fante e orgoglioso di esserlo, sono uno di quelli che vanno all'assalto con la baionetta. Ovunque e dovunque state certi che vinceremo, a qualsiasi costo, anche a lasciare la vita per la grandezza della Patria Fascista[50].
Ancora un fante dell'80° Reggimento della *Pasubio*, con alquanta retorica, giustificata dall'appartenere ad uno dei reparti maggiormente impegnati in combattimento dall'inizio della campagna, riprendendo il tema dei presunti legami tra bolscevismo e giudaismo sbandierati dalla

---

46 B. Mussolini, 13 luglio 1941.
47 Insieme com'è ovvio al desiderio, alla conclusione della guerra, di godere di una maggiore considerazione da parte dell'alleato, dopo le prove assai infelici date dall'Italia su altri fronti.
48 Schlemmer 2005, p. 68 della traduzione italiana.
49 MST, fondo Ufficio Censura Postale di Guerra di Mantova, busta 2, fasc.3, stralci della corrispondenza proveniente dal CSIR del 13 giugno 1942, p. 5. Cit. in Schlemmer 2005, loc. cit.
50 MST, fondo Ufficio Censura Postale di Guerra di Mantova, busta 2, fasc.3, stralci della corrispondenza proveniente dal CSIR del 18 aprile 1942, p. 13.

propaganda, scriveva:
Noi fanti della vecchia stirpe Italica, rinnovati dalla Rivoluzione Fascista sapremo con valore e tenacia insuperabile aprirci un varco su quel nemico [gli ebrei, NdA] che da millenni ci tiene soffocati, facendone distruzione completa, ponendo su questa terra sporca dal fetore bolscevico le insegne di Roma Imperiale[51].

Temi questi ripresi anche in questa lettera di un Bersagliere:
[...] Chi combatte per portare pane e giustizia nella nostra Europa che fino ad ora era vessata dal giudaismo e dal capitalismo anglo-sassone il quale per poter arginare questa forza giovanile ed irrompente guidata dalla volontà ferma ed intelligente del Duce e Hitler si è coniugato col bolscevismo facendo l'unione più paradossale che si possa immaginare. Infatti chi comanda il capitalismo? L'ebreo. Chi comanda in Russia? L'ebreo. Loro sono i vessilliferi della morte.

Loro sono che spingon alla morte la migliore gioventù. In loro ricadrà la spada della giustizia impugnata dall'Asse[52].

Ci limitiamo a questi pochi stralci, ma gli scritti di questo tenore sono numerosi. Ovviamente non mancavano lettere colme di nostalgia di casa, di stanchezza per la guerra e la vita militare, ma in numero notevolmente inferiore a quelle di intonazione patriottica e fascista, o comunque anticomunista. Sicuramente la corrispondenza mostrava un'adesione al conflitto assai superiore a quella riscontrabile nelle lettere del conflitto 1915-1918.

Da segnalare, al contrario, le antologie pubblicate da Nuto Revelli, *La strada del davai*, e soprattutto, *L'ultimo fronte. Lettere di soldati caduti o dispersi nella II guerra mondiale*,[53] raccolta di lettere di combattenti di Russia ovviamente ostili alla guerra, al fascismo, ai tedeschi; è evidente che Revelli vi è pesantemente intervenuto, selezionandole in modo di creare conferme alle tesi da lui espresse nei suoi romanzi. È dunque più utile, per ricercare il vero stato d'animo dei combattenti di Russia, lo studio delle numerose fonti conservate negli archivi e provenienti dalla censura militare, fonti sinora trascurate o utilizzate solo in senso unico.

Autori come Cavallo e Della Volpe a nostro parere hanno sottostimato la popolarità e l'attaccamento al Fascismo dei militari del Regio Esercito combattenti in Russia, concedendo solo poche eccezioni all'inizio della campagna. In particolare Della Volpe, che pure ha scritto un ottimo lavoro sull'Esercito e la propaganda pubblicato dall'Ufficio Storico dello Stato Maggiore, pone particolare attenzione nel relativizzare i legami del Regio Esercito con il Regime Fascista, seguendo uno schema che potremmo definire giustificatorio; considerando però il dato di fatto di vent'anni di Regime e tre guerre, la realtà potrebbe essere diversa dalle tesi di Cavallo e Della Volpe, come sostiene anche Schlemmer[54].

Alcuni tra i reparti più agguerriti, e spesso fanatici, sul fronte orientale furono, non a caso, quelli più fortemente - e ferocemente - motivati in senso ideologico: le *Waffen-SS* per i tedeschi, le Camicie Nere dei Battaglioni *M* per gli italiani e le truppe del *NKVD*[55] e i battaglioni di giovani del *Komsomol*[56] per i sovietici. Le Camicie Nere, che ebbero spesso un ruolo di rilievo nei principali fatti d'arme che videro coinvolti C.S.I.R. ed ARM.I.R. sul fronte orientale, e il cui ruolo militare è

---

51   Ufficio Censura Postale di Guerra di Mantova, busta 2, fasc. 3, stralci della corrispondenza proveniente dall'ARM.I.R. del 18 luglio 1942, p. 1.
52   Relazione settimanale della Commissione Censura della provincia di Lucca del 16 maggio 1942, cit. in Schlemmer 2005, p.72.
53   Nuto Revelli, *La strada del davai*, Torino 1966; id. *L'ultimo fronte. Lettere di soldati caduti o dispersi nella II guerra mondiale*, ivi 1971 (nuova ed. 1989).
54   Schlemmer 2005 pp. 74 segg.
55   *Narodnyj komissariat vnutrennich*, Commissariato del popolo per gli affari interni; la polizia segreta sovietica.
56   Komsomol (*Kommunističeskij Sojuz Molodëži*) era l'organizzazione giovanile sovietica.

stato taciuto o sottovalutato per decenni,
non erano vittime rassegnate portate al macello dalla follia del bieco dittatore e dei suoi tirapiedi, ma soldati, molti dei quali volontari o veterani dell'Africa Orientale, della Spagna, della Grecia e dei Balcani che sapevano benissimo cos'era la guerra, come si uccideva e si veniva uccisi[57].
L'appropriazione dei combattenti di Russia da parte degli antifascisti alla Revelli è semplicemente una rielaborazione *a posteriori* di una minima parte dei combattenti reduci dal fronte russo.

Gli italiani, non dimentichiamolo, combatterono come invasori sul fronte più difficile della seconda guerra mondiale, contro un nemico che spesso non faceva prigionieri, e istigato dalla propaganda stalinista e dai commissari politici.
Fronte su cui si affrontarono gli eserciti delle due più devastanti dittature che mai siano apparse sulla terra, il nazismo ed il comunismo, in una lotta all'ultimo sangue. Eppure gli italiani si batterono bene, molto meglio che in Grecia: a tal proposito, tra i tanti fatti d'arme, ricordiamo come, nel corso dell'operazione *Malyi Saturn* del dicembre 1942, il 24° Corpo Corazzato sovietico che attaccò le truppe dell'ARMI.R. subì così tante perdite da essere incapace, a fine mese, di tenere da solo l'aeroporto di Tatsinkaia[58].
Rispetto poi agli altri eserciti su quel fronte, amici ed avversari, furono pochissimi i casi di crimini di guerra verso le popolazioni civili; rispettate anche dai reparti più politicizzati e agguerriti, come i Battaglioni *M*[59]: nel 1961 l'allora segretario generale del P.C.U.S. Nikita Krushov dichiarò all'on. Giuseppe Codacci Pisanelli (democristiano) in un'intervista che ebbe ampia risonanza sulla stampa italiana:
Ho combattuto contro gli italiani nel settore del Donetz ed avevo di fronte proprio le Camicie Nere che ritenevo i più malvagi tra gli italiani. Avevano combattuto molto bene e pensavo fossero accaniti contro di noi. Dopo aver interrogato molti prigionieri ho dovuto constatare invece che non avevano odio contro di noi[60].
Ciò non vuol dire che il Regio Esercito non abbia partecipato alla repressione della guerriglia, la cui attività peraltro, almeno sino all'inverno 1942-1943, fu meno intensa rispetto ad altri settori del fronte.
Mancano poi notizie sulle azioni antipartigiane condotte dalla Legione croata nel 1942.
Gli italiani reagivano agli attacchi partigiani con grande energia: nella giornata del 20 gennaio 1943 il 6° Bersaglieri, oltre a domare l'insurrezione di partigiani e della *Schuma*[61] ucraina a Pavlograd (impiccando il giorno dopo cinque partigiani nella piazza principale del paese) diede alle fiamme il paese di Snamenka; il giorno dopo, una Compagnia del 6° comandata dal capitano Paris,
[…] Entra in Gorianovskij incontrando scarse resistenze; si incontra con una pattuglia germanica giunta per vendicare il massacro di due ufficiali tedeschi avvenuto la sera precedente dopo sevizie indescrivibili; il paese viene distrutto; tutta la popolazione civile (ad eccezione di donne vecchi e

---

57 Colloredo 2009. Mi si perdoni un'ovvietà, che peraltro, a quanto ne so, non è mai stata sottolineata. Gli italiani si batterono con molta più motivazione contro i comunisti sovietici che contro i fascisti greci. Quasi tutti si dimenticano di sottolineare come in Grecia il regime di Metaxas fosse apertamente fascista, tanto da chiamare il saluto a braccio teso *saluto greco* anziché *saluto romano*.
58 H. Borg, Ph. Naud, *1942: Le renouveau des troupes blindées soviétiques*, in Vae Victis 53 (2003), p. 24. Il 24° Corpo Corazzato sovietico disponeva, all'inizio dell'offensiva contro gli italiani, di 7.800 uomini e 168 carri: 30 *KV* pesanti, 78 *T-34*, e 60 *T-70* (ibid.).
59 Schlemmer cita in senso polemico una lettera di un legionario del Gruppo *Tagliamento*: *Maledetti russi, ma verrà anche per loro l'ultimo giorno. I nostri comandi fanno male a risparmiarli; io per me li ammazzerei tutti anche le donne.* (Schlemmer 2005, p. 105). In realtà anche questo brano conferma come le CC.NN. non infierissero sui civili, visto che altrimenti non ci sarebbe motivo di scrivere *I nostri comandi fanno male a risparmiarli*!
60 L'intervista a N. Krushov è del 15 novembre 1961, e pubblicata su *Concretezze*, 22, 1961.
61 *Schutzmannschaft* (distaccamento di protezione); Battaglioni ausiliari alla Polizia tedesca, formati da personale straniero, solitamente con 400-500 effettivi. Nella zona di Brest-Litowsk, a fronte di sole 26 gendarmerie di polizia tedesca ve ne erano ben 308 di ausiliari ucraini.

bambini) viene passata per le armi[62].

Episodi rimossi dalla memorialistica, perché vanno contro gli stereotipi dei *buoni* italiani contrapposti ai *cattivi* tedeschi.

Va anche aggiunto che non mancarono alcuni episodi di uccisione di prigionieri, come l'esecuzione di 22 fucilieri sovietici da parte di Bersaglieri del 3° Reggimento durante la *Battaglia di Natale*.

Il motivo fu che i sovietici, dopo aver finto di arrendersi avevano ricominciato a sparare[63]; da parte italiana si ricorda il massacro dei feriti dell'ospedale da campo reggimentale avvenuto a Nowaja Orlowka il 25 dicembre[64]. Egualmente, quando i Bersaglieri del 6° passarono per le armi tre sovietici presi prigionieri durante l'offensiva sovietica dell'agosto 1942, lo stesso Bersagliere che narra l'accaduto, e che si era opposto all'esecuzione sommaria, scrisse che:

I nostri sono inferociti perché i russi martoriano i nostri prigionieri[65].

La fucilazione di un sovietico ferito che indossava parti di uniformi italiane e tedesche ordinato dal comandante del 53° Fanteria *Sforzesca* citato dallo Schlemmer[66] tra le uccisioni di prigionieri è invece totalmente giustificato dalle leggi di guerra e non può rientrare tra i crimini[67].

Per concludere, ad un comportamento spesso brutale dai parte dei sovietici nei confronti dei prigionieri, gli episodi che videro attori gli italiani furono comunque pochi, molto spesso giustificabili, frutto della feroce pervicacia delle atrocità sovietiche [68].

Nell'ottobre 1944 il rappresentante diplomatico sovietico presso il regno d'Italia (formalmente l'URSS era ancora in guerra, malgrado la cobelligeranza italiana) Mihail Kostilev consegnò al conte Sforza, alto commissario per le sanzioni contro il fascismo, una *Nota* riguardante i crimini di guerra commessi dagli italiani durante la campagna di Russia tra il 1941 ed il 1943, comprendente anche dodici *nomi* di presunti criminali di guerra[69].

La Nota si intitolava *Elenco degli invasori italiani fascisti covinti di delitti commessi in territorio dell'U.R.S.S. che era temporaneamente occupato. Elenco aggiornato al 1° luglio 1944.*

Tale *Nota* venne trasmessa per competenza dal ministro Sforza al Ministero degli Esteri ed al Ministero della Guerra, e, nell'agosto del 1945, all'ex Capo di S.M. Maresciallo Messe in quanto comandante dello C.S.I.R. e del XXXV Corpo d'Armata.

Tre nominativi erano di ufficiali appartenenti allo C.S.I.R. e sette all'ARM.I.R.; "Piliz" e "Plàs" restano ancor oggi avvolti nelle più fitte nebbie del mistero.

Gli ufficiali dello C.S.I.R. (poi XXXV Corpo) erano il comandante della *Torino*, Generale Roberto Lerici, del comandante della sanità della stessa Divisione, Tenente Colonello Bernardo Giannetti, e del Capitano Grappelli, del Genio Divisionale della stessa Divisione.

Ecco l'accusa loro rivolta, che è paradigmatica anche delle altre contenute nella *Nota*:

Nella città di Enakievo [per gli italiani Rikowo, nome con la quale compariva sulle carte tedesche] della provincia di Stalino, hanno distrutto: ospedali 13, policlinici 3, dispensari 2, consultori per bambini 6, ambulatori di officine e miniere 12, farmacie 10 e presepi *(sic!)* 8

---

62   AUSSME, L 14/87-1, Comando 6° Regg. Bersaglieri, Relazione sul ciclo operativo 22/1- 22/2 1943 XX (f.to col. M. Carloni).
63   AUSSME, DS II 648, DS 3ª divisione Celere, dic.1941 - genn. 1942, Messaggio radio del 3° Regg. Bersaglieri (f.to col. A. Caretto).
64   Tutti i feriti (tranne un Bersagliere che riuscì a fuggire ed a dare l'allarme) vennero uccisi con un colpo di pistola alla nuca: Romeo di Colloredo 2008, p. 59.
65   Schlemmer 2005, p.105.
66   Ibid., p. 106.
67   Semmai il criminale era chi indossava proditoriamente le divise dell'avversario.
68   Sulle atrocità dell'Armata Rossa verso i prigionieri, cfr. Alfred M. de Zayas, *The Wehrmacht War Crimes Bureau, 1939-1945*, 1989, e Franz Seidler, *Verbrechen an der Wehrmacht*, 1997 e *Kriegsgreuel der Roten Armee*, 1999, NdE.
69   Due nomi erano riportati in maniera talmente distorta (*Piliz* e *Plàs*) da risultare incomprensibili, Messe ipotizzò potesse trattarsi di tedeschi: cfr. Messe 1963, pp. 342-343.

La commissione d'inchiesta sui crimini di guerra italiani istituita dal governo, e di cui faceva parte per il P.C.I. il senatore Maio Palermo, già sottosegretario alla Guerra, stabilì l'infondatezza delle accuse, dimostrando come le distruzioni di Rikowo fossero dovute agli scontri del dicembre 1941; analoghe conclusioni vennero raggiunte anche a proposito delle altre accuse formulate dai sovietici[70].

Più pesanti le accuse rivolte al Generale di Brigata Paolo Tarnassi ed al misterioso "Fransi Piliz", accusati di fucilazioni nella zona di Kantemirowka; il capitano dei Carabinieri Mariano Piazza, il maggiore Luigi G. Biasotti, comandante la piazza di Boguchar, il maggiore Romano Romagnoli, comandante la piazza di Filonovo, il tenente Renato Barile e "Plàs" vennero accusati della fucilazione di civili e prigionieri a Boguchar e della deportazioni di civili.

Gli altri accusati erano il Tenente Colonnello Raffaele Marconi ed il Capitano dei R. Carabinieri della *Cuneense* Dante Iovino (all'epoca della stesura della *Nota* prigioniero in URSS) accusati della fucilazione a Rossosch di 31 prigionieri[71].

È da aggiungere che nella lista dei *criminali fascisti italiani* non compariva nessun ufficiale della Milizia Volontaria Sicurezza Nazionale. Né risulta che le Camicie Nere abbiano bruciato paesi o eseguito rappresaglie come quella di Gorianovskij.

Nel 1949 venne pubblicato in URSS un libro di propaganda, che come dimostrano Bigazzi e Žirnov[72] è totalmente privo di attendibilità, intitolato *Dei misfatti delle truppe italo-fasciste nel territorio dell'Unione Sovietica*, poche righe della quale bastano ad inquadrarne i contenuti:
[Gli italiani] seviziavano e fucilavano cittadini inermi e prigionieri di guerra sovietici, catturavano e costringevano in schiavitù fascista popolazioni pacifiche, distruggevano città e villaggi, fabbriche e fattorie, saccheggiavano gli abitanti delle città e delle campagne[73].

Involontariamente tragicomico è il seguente brano, con accuse che il governo sovietico si era ben guardato dall'avanzare nella *Nota* del 1944, che, a differenza del libretto, aveva carattere ufficiale:
Nella città di Krasnyj Luč [...] le truppe italiane scatenarono un terrore spietato contro la popolazione [...] Gli organi punitivi italiani sbatterono in prigione e torturarono tutti i cittadini che simpatizzavano per il regime sovietico. Gli italiani fucilarono i sovietici nella miniera n. 151 "Bogda".
Li costrinsero a spogliarsi e a correre verso il pozzo della miniera: subito dopo spararono facendoli cadere nel pozzo. In questo modo hanno giustiziato a Krasnyj Luč 1.700 cittadini sovietici inermi, uomini, donne, vecchi e bambini, e hanno portato via, per ridurle in schiavitù, 8.700 persone[74].

Nel giudicare queste apocalittiche righe si deve tenere a mente come nessun governo, sovietico prima o russo poi, abbia mai avanzato richieste ufficiali per punire i responsabili di queste presunte orribili crudeltà, né dal 1949 nessuna pubblicazione sovietica, neppure la relazione ufficiale *Storia della Grande Guerra patriottica* ha fatto il minimo cenno a queste stragi, neppure per ragioni di propaganda.

In conclusione, i soldati italiani in Russia, ancora una volta al di là del cliché del soldatino armato col vecchio '91 e le scarpe di cartone[75], e malgrado non siano pure mancati episodi di cedimento

---

70 Messe 1963, p. 343.
71 Per coincidenza, la *Cuneense* è la stessa unità del sottotenente Revelli.
72 Bigazzi, Žirnov 2002, pp. 29 segg.. Non si tratta di una *relazione* stilata *da una commissione d'inchiesta*, come scrive Schlemmer 2005, p. 66, ma di un opuscolo di propaganda contro l'ingresso dell'Italia nel Patto Atlantico.
73 Bigazzi, Žirnov 2002, pp. 29 segg.
74 Ibid., p. 31 segg.
75 Si veda al proposito l'articolo di F. Cappellano *"Scarpe di cartone e divise di tela". Gli stereotipi e la realtà sugli equipaggiamenti italiani in Russia durante la seconda guerra mondiale*, "Storia Militare" 10 (2002) pp. 20-30. Gian Carlo Fusco, certo non un esaltatore del Regime scrisse in proposito che in Russia: *Le scarpe dei soldati... si erano conservate bene, nonostante una marcia che, complessivamente, era durata centinaia di ore. In fatto di calzature anche le riserve non mancavano* (Fusco 2004, p. 46) [Stereotipi ancora molto in voga, per ignoranza o malafede, tra gli storici *engagé*: ancora di recente Antonio Gibelli, riferendosi alla sfortunata

(come ad esempio quelli che videro coinvolta la divisione *Sforzesca* nell'agosto del 1942, o altri avvenuti durante la ritirata dell'inverno 1942-1943, come l'abbandono di Kantemirowka) furono *sempre* vittoriosi in *tutti* i combattimenti sostenuti sino alla grande offensiva del dicembre 1942 (*Malyï Saturn, Piccolo Saturno*, per i sovietici, *Seconda battaglia difensiva del Don* per noi) ed anche durante la ritirata il Corpo d'Armata Alpino sostenne tredici combattimenti successivi contro regolari e partigiani, per uscire dalla sacca, riuscendo infine a sfondare a Nikolajewka il 26 gennaio[76].

Ma se Nikolajewka è un nome ancor oggi ricordato, Petrikowka, Novo Orlowka, Nikitowka, Gorlowka, Stalino, sono sconosciuti: eppure furono tutte vittorie.

Si ricorda la ritirata, non l'avanzata vittoriosa dello C.S.I.R. e poi dell'ARM.I.R. sino alle rive del Don.

Gli italiani in Russia non si ritirarono soltanto. E non furono solo vittime.

Campagna di Francia in un articolo apparso sul quotidiano "Il Secolo XIX" nel maggio 2010, non ha saputo far di meglio che stigmatizzare le "pezze da piedi" dei nostri soldati… come se tutti gli altri Eserciti del 1940 avessero avuto calze in *Gore-Tex* nei loro Magazzini Vestiario, NdE].

76   Anche se il celebre bollettino n. 630 dell'otto febbraio 1943 che sarebbe stato emesso dalla *Stavka* (*Solo il Corpo d'Armata Alpino italiano è da considerarsi imbattuto in terra di Russia*) è un'invenzione post-bellica.

GLI SCIACALLI DELL'ARM.I.R.: LEOPOLI, UNA STRAGE MAI AVVENUTA

Nella storia della campagna italiana in Russia c'è ancora un capitolo, che non si sa se definire squallido o nauseabondo, di cui rendere conto.
Si tratta della manovra di *disinformacija* messa in atto dai servizi segreti sovietici in più riprese, ed appoggiata dal Partito Comunista Italiano e dalla stampa ad esso vicina, per presentare la morte dei prigionieri italiani in URSS come opera dei nazisti; squallida, perché si sfruttava il dolore di migliaia di famiglie per scopi politici, nauseabonda perché vi vedeva coinvolto apertamente il P.C.I. e Togliatti, che di quei prigionieri aveva detto
Se un buon numero di prigionieri morirà, in conseguenza delle dure condizioni di fatto, non ci trovo assolutamente niente di male[77]
Più squallido ancora però chi quella menzogna ha utilizzata per motivi elettorali ancora negli anni '80 del XX secolo.
Un primo esempio di questa manovra si trova nel resoconto della missione in Russia di alcune delegate dell'Unione Donne Italiane il 4 agosto 1947[78], le quali chiesero anche notizie sulle decine di migliaia di italiani dispersi (e in realtà morti in prigionia sovietica). La delegazione, ricevuta dal Tenente Generale K.D. Golubev, vice delegato del Consiglio dei Ministri dell'URSS per gli affari del rimpatrio, era formata da sette donne, di cui cinque comuniste o socialiste, capeggiate da Rina Picolato, della CGIL, e Giuliana Nenni, figlia di Pietro Nenni. A questo compiacente auditorio, Golubev, tra le tante menzogne tranquillamente prese per oro colato dalle delegate, dichiarò
d'altronde si deve tenere presente che i tedeschi, quando gli italiani si arrendevano, aprivano il fuoco contro di loro. Non solo, i tedeschi bombardavano le colonne dei prigionieri italiani che si avviavano nelle retrovie, perché la resa dell'alleato faceva scaturire dentro di loro un odio feroce.
Al che Giuliana Nenni, riconoscendo come propria la *disinformacija* di Golubev, ed echeggiando gli scritti di Revelli, invece di riflettere sul fatto che i tedeschi avrebbero avuto magari qualche difficoltà a "bombardare" durante la ritirata i ben 60.000 italiani mancanti, confermerà
È vero. Sappiamo anche che durante le ritirate i tedeschi s'impadroni-vano dei mezzi di trasporto e scappavano lasciando gli italiani a morire congelati[79].
Resesi tuttavia conto di non poter negare solo in questo modo la scomparsa delle decine di migliaia di prigionieri e dispersi italiani in URSS, le autorità sovietiche inventarono un presunto massacro di "una divisione" italiana, la divisione *Rertovo* o *Retrovo* [sic!] da parte dei nazisti nel 1943, con grande eco nella stampa comunista. Visto che le circostanze esposte dalle autorità sovietiche apparvero subito inverosimili, il tiro venne rettificato. Il massacro sarebbe avvenuto a Leopoli (Lvow) nel 1944: vennero forniti anche i nomi di 39 Generali ed Ufficiali assassinati, nessuno dei quali risultò mai esistito[80]. La fandonia venne ripresa dal P.C.I., i cui vertici, Togliatti in primis, erano ben consapevoli della realtà di quanto accaduto ai prigionieri italiani in URSS, in cui avevano avuta una parte non indifferente.

---

77 V. nota 8.
78 Bigazzi e Zhirnov, *Gli ultimi 28*, pagg. 93 e seguenti.
79 Golubev prosegue lamentando come i prigionieri italiani rimpatriati consegnati dalle autorità sovietiche "con tutte le formalità e bene equipaggiati" arrivino in Italia "seminudi, scalzi e denutriti", accusando di tale atto "vili forze reazionarie" fomentanti "odio nei confronti dell'Unione Sovietica", mentre dai "fatti" citati ogni "persona imparziale" non può che "convincersi dell'atteggiamento umano del governo sovietico nei confronti dei prigionieri di guerra". E ovviamente la Nenni cinguetterà pavlovianamente un:
Anche noi ne siamo convinte e cerchiamo in ogni momento di convincere di ciò le donne italiane.
Opera di convincimento che buona parte dell'intelligencija italiana non ha peraltro ancora cessato di compiere, NdE.
80 Messe 1963, p. 386

Tutte storie, di cui il Maresciallo Messe ben scrisse nel 1963:
Questa invenzione puerile e furbesca caratterizza bene i dirigenti sovietici[81] [...] per alterare a loro favore la realtà storica, i russi hanno inventato una nuova menzogna: attribuire ai tedeschi la responsabilità diretta della scomparsa di almeno una parte dei militari italiani scomparsi in Russia. Non avevano cercato di attribuire ai tedeschi la fucilazione di 10.000 ufficiali polacchi[82] trovati dai tedeschi stessi nelle fosse di Katijn? Così hanno tentato di fare con una parte degli italiani, senza nemmeno preoccuparsi delle assurdità, non fosse altro che per motivi di tempo e di luogo, di una simile versione[83].

Messe ricostruì la nascita della falsa notizia:
La manovra cominciò con una lettera a firma del Presidente del Comitato Esecutivo della Unione della Croce Rossa e della Mezzaluna Rossa, compagno N. Xemeljov, in data 18 giugno 1958, indirizzata ad una signora di Roma che aveva richiesto notizie del figlio dichiarato disperso. In essa appare per la prima volta la tesi che addossa ai tedeschi responsabilità che spettano ai russi: "D'altra parte" scriveva il compagno Xemeljov "è noto (noto a chi?) che il comando hitleriano molto prima della fine della guerra tolse dal fronte sovietico-tedesco molti reparti italiani e che molti italiani perirono nei campi di concentramento tedeschi per fame, malattie e repressioni dei nazisti".
Quando un organismo dalla denominazione così pomposa - *proseguiva il Maresciallo Messe* - giunge a cercare di diffondere così fantasiose notizie, si ha il diritto di dubitare non solo della "collaborazione" auspicata con la Croce Rossa sovietica, ma la serietà di questo Ente[84].

Ma era solo l'inizio della campagna di disinformazione.
Il 4 giugno 1959 la rivista *Literaturnaija gazeta* di Mosca pubblicò un articolo a firma Wladimir Belajev intitolato *Perché non sono tornati*, in cui si sosteneva che un'intera Divisione italiana dislocata a Leopoli in Galizia sarebbe stata completamente sterminata dai nazisti nel 1944. La leggenda era nata.
Testimone ne sarebbe stata certa Nina Petruskowna: gli italiani sarebbero stati uccisi e i loro corpi bruciati per essersi ribellati ai nazisti, alle cui dipendenze erano stati posti dopo il ritiro delle altre unità italiane dal fronte russo.

Nell'articolo, definito da Messe *simile alle fiabe russe*, venivano riportati anche i nomi di 39 ufficiali, tra cui alcuni generali, mai esistiti.
La notizia venne smentita dalle autorità italiane, anche perché nel 1944 non c'era alcun reparto italiano nella zona citata.
Messe ricorda come però
La notizia riapparve ugualmente sui giornali comunisti e paracomunisti d'Italia nell'ottobre del 1960 e poi nel marzo 1961.
Tuttavia la nuova versione, ripresa nel terzo volume della "Storia della Grande guerra patriottica" testé pubblicata dal governo russo, pur confermando il massacro della divisione italiana a Leopoli, ad opera dei tedeschi, presenta una sintomatica modifica: l'eccidio non sarebbe avvenuto nel 1944, ma nell'estate del 1943, vale a dire prima dell'armistizio dell'8 settembre. Questa fola dovrebbe convalidare la fantasiosa dichiarazione della Croce Rossa Sovietica secondo la quale i militari italiani venivano sistematicamente uccisi dai tedeschi anche quando, da alleati, facevano parte dell'ARMIR.

81	Ibid.
82	In realtà 14.587, 22.000 circa considerando gli scomparsi non più ritrovati.
83	Messe 1963, p. 384.
84	Ibid., pp. 384-385.

Anche stavolta la nuova versione è stata prontamente e autorevolmente smentita: gli improvvisati "storici" russi non sapevano nulla evidentemente delle truppe italiane in Russia. Nemmeno nel 1943 infatti si trovava a Leopoli o in qualsiasi altra parte della Galizia una divisione italiana[85].
Il meglio però doveva ancora venire:
Il bello è che la "Storia della Grande guerra patriottica" ecc. così pomposamente edita ed annunciata, per questa storiella della divisione italiana "massacrata dai tedeschi" a Leopoli porta come "riferimento documentario" un articolo dell'"Unità" pubblicato il 29 marzo 1961. A questo punto anche un bambino arriva a capire l'ingenuità della manovra sovietica. L'articolo dell'"Unità" non è infatti che un cavallo di ritorno e cioè una notizia pubblicata per ordine di Mosca allo scopo di accreditare la nuova versione dovuta alla Nina Petruskowna![86]
Come si vede, l'argomento era chiuso: nessun italiano era stato mai ucciso dai tedeschi in Galizia, e non esistevano dubbi in proposito.
Del resto nessuno aveva notato che i testimoni citati dai sovietici avevano nomi russi e non polacchi. Eppure, all'epoca, Leopoli era una città polacca, annessa all'URSS dopo la guerra!
Caduta nel dimenticatoio, la favoletta di Leopoli venne però periodicamente riproposta dai servizi del patto di Varsavia in chiave di propaganda durante la Guerra Fredda, con libri quali quello del polacco Jacek Wilczur, *Le tombe dell'Armir*, uscito nel 1964[87].
Ecco come il Wilczur narrò il tremendo *sterminio* della *guarnigione italiana* di Leopoli:

Due giorni e due notti durò il massacro dei militari italiani che si erano rifiutati di entrare nella *Wehrmacht*. Parte di essi fucilati all'interno della prigione di via Sapieha e nella caserma di Zamarstynow, gli altri trasportati poco per volta alle famose "sabbie" di Lycazow, vennero mitragliati in massa dai reparti di *SS* e di *Schutzpolizei*. La zona dove avvenne la strage era sorvegliata da picchetti di *SS* e di polizia ausiliaria ucraina.
Ma non è ancora finita, essendo evidentemente il Regio Esercito assai più numeroso di quanto sempre ritenuto,
Eliminata praticamente la guarnigione di Leopoli restavano i reparti dislocati nelle altre località. I tedeschi li fecero affluire a Leopoli. Ammassati in lunghe colonne alla stazione Grodecki, gli italiani, ormai disarmati, venivano mandati sotto scorta a Podzamcze e a Zniesieme. Poi una volta contati, i prigionieri erano rinchiusi sui carri bestiame e trasportati a Rawa Ruska, a Belzec, Krywczyce, Holosk.
Dal racconto di testimoni oculari risulta che a dirigere le operazioni di sterminio degli italiani sia a Leopoli, nelle "sabbie" di Lyczakow, che a Lesience, Holosk e a Krywczyce fu personalmente il governatore del distretto della Galizia, coadiuvato dal Comandante delle *SS* e della polizia dello stesso distretto, *Brigadeführer* Fritz Katzmann[88].
Ogni volta venivano ripetute le stesse cose del 1958, con lo stesso elenco di nomi fasulli.
Citiamo solo quelli dei generali, nessuno dei quali risulta mai esistito nei ruoli del Regio Esercito: Gen.di Brigata Vacanco, Gen. di Brigata Balbo-Bertone, Gen. di Brigata Trionfi, Gen. di Corpo d'Armata [nientemeno! NdA] Carlo Spatacco, Gen. di Brigata Andrioli[89].
Seguì poi il volume di Mihailov V. Romanoski, *Non bisogna perdonare. Storia dei prigionieri italiani in URSS dopo l'otto settembre 1943*[90] del 1967, e si arrivò sino al 1985 e nuovamente nel

---

85	Ibid., p.386.
86	Ibid.
87	Tit. orig. *Armira nie wróci to Italii*, trad. it. Sugarco, Milano, 1964. Il libro venne poi ristampato da Mondadori, ivi 1987.
88	Wilczur 1964, pp. 36-37 dell'ed. Mondadori 1987.
89	Ibid., p. 108.
90	Trad. it., Mursia, Milano 1967.

1986, quando la agenzia stampa sovietica *Tass* ritirò fuori la storia del fantomatico eccidio - ogni volta la *scoperta* veniva presentata come appena fatta, in quest'occasione con la scoperta di alcune fosse comuni in cui giacerebbero i resti di duemila militari italiani (compresi generali, colonnelli e ufficiali inferiori) trucidati dai nazisti nel '43, notizia ripresa con grande enfasi dall'*Unità, Paese Sera, La Repubblica* e dal *TG3 Rai*, all'epoca diretto da Sandro Curzi, già collaboratore dei servizi di informazione cecoslovacchi a Praga negli anni della Guerra Fredda e della repressione della *primavera* dubčeckiana.

Ovviamente, come già era avvenuto in precedenza, la *scoperta* era nuova di pacca, appena fatta, né la *Tass* faceva cenno ai testimoni del 1958 o al libro di Wilczur del 1964.

Ecco come la stampa *progressista* presentò la notizia della *scoperta* del massacro:

La autorità sovietiche, rilanciando notizie che avevano già diffuso un paio d'anni fa, hanno annunciato di avere scoperto a Leopoli, in Ucraina occidentale, alcune fosse comuni in cui giacerebbero i resti di duemila militari italiani (compresi generali, colonnelli e ufficiali inferiori) trucidati dai nazisti nel '43. Il ministero della Difesa ha subito replicato smentendo: non gli risulta - ha dichiarato - che, in quei luoghi e a quella data, siano avvenuti massacri di tale entità. *E allora arr*ivano le domande: chi sono quelle povere vittime? Sono davvero soldati? Quando sono stati veramente uccisi? E da chi?

La scoperta delle tragiche fosse - dice la Tass - è avvenuta grazie alle ricerche di un gruppo di studenti che a Leopoli si occupano di storia della seconda guerra mondiale; il loro capo, Vladimir Demchak, ha riferito anche che "sono già stati identificati i nomi di oltre cinquanta ufficiali trucidati" e che ci sono anche i testimoni di quell'eccidio.

Viene anche riportata una testimonianza:

la signora Yulia Moska-Bukovskaya, 60 anni, precisa anche la data della strage affermando che, all inizio del settembre '43, vide gli italiani sterminati a gruppi nella foresta di Lisentisky, vicino a Leopoli: "Furono colpiti a morte in una cava di sabbia. I corpi vennero poi bruciati e sepolti nella terra, sopra i tedeschi vi piantarono gli alberi per nascondere le tracce del loro delitto".

La stessa identica testimonianza, parola per parola, di Nina Petruskowna sulla *Literaturnaja gazeta* del giugno del 1959: cambiano solo il nome e l'età...

E ancora,

Ma al di là dell'aiuto che potrà venire dall'Unione Sovietica è comunque importante la volontà del Governo italiano di andare a fondo della questione. Unico atto concreto in questo senso *è stato fino ad ora, la formazione di una commissione d'inchiesta al cui interno figurano m*ilitari e storici, fra questi ultimi vi sono Lucio Ceva e Romain Rainero. Non mancano i memorialisti in grado di contribuire con le loro esperienze dirette sul fronte russo (Nuto Revelli, Giulio Bedeschi e Mario Rigoni Stern) e non manca, c'è da sperarlo, la voglia di giungere finalmente a delle conclusioni definitive intorno all'inquietante mistero che sembra avvolgere questo sanguinoso capitolo della storia del nostro corpo di spedizione in Russia, all'indomani dell'8 settembre.

Una storia dimenticata troppo in fretta

Non sembra, comunque, che una volta istituita la commissione, questa basti da sola a dirimere o placare le polemiche che nascono soprattutto da dubbi e sospetti.

Polemico col ministero della Difesa è Arrigo Boldrini, presidente dell'Associazione nazionale partigiani d'Italia (Anpi). Boldrini afferma che nella zona di Leopoli nel settembre del 1943 c'erano contingenti italiani: i reparti operativi dell'Armir erano stati ritirati in primavera ma era rimasta ancora tutta la componente logistica dell'armata.

L'affermazione di Boldrini è falsa: i 9.500 uomini dell' Intendenza dell'ARM.I.R. rientrarono in

Italia il 22 maggio 1943.
Ma proseguiamo.

Interpellato quando il "caso Leopoli" era in prima pagina, durante una conferenza stampa indetta dal Pci sui problemi delle forze armate, il presidente dell'Anpi ricordò che più volte il Partito comunista negli anni passati ha rivolto al governo interrogazioni sulla vicenda, ma queste sono rimaste senza alcuna risposta.

Boldrini aggiunse che i reparti italiani che si trovavano nella zona di Leopoli nel settembre del '43 costituivano il "Comando retrovie dell'Est [91]" (forse da qui il nome "Retrovo") diretto da un comandante di divisione il cui nome, anche al di fuori delle documentazioni ufficiali, è facilmente individuabile in quanto scritto sui tesserini di tutti gli ufficiali.

Alle autorità militari italiane muove un'aperta critica anche il responsabile della sezione romana dell'Associazione dei deportati nei campi di sterminio nazisti, Andrea Gaggero: "Jacek Wilczur[92] mi raccontò dello scarso interesse delle autorità italiane per la documentazione da lui raccolta sulla tragedia degli italiani di Leopoli" ha affermato Gaggero.

L'articolista trovò il modo di dare una lezione anche ai biechi *repubblichini*:

Il Grande Reich, insomma, si considerava al di sopra di ogni legge. E quelli della Repubblica sociale, timidi servi, davanti al Grande Reich s'inchinavano[93].

In realtà servi italiani c'erano davvero. C'erano stati nel 1943, e c'erano ancora. Gli stessi che addossavano ai nazisti la morte dei prigionieri italiani morti nei campi sovietici, e che negavano, e negano tutt'ora, i massacri della Venezia Giulia, dell'Istria o della Dalmazia, al limite presentandoli come *comprensibili reazioni* all'occupazione militare italiana... ma questa è altra storia.

Il 5 febbraio 1987 quindi venne istituita una *Commissione di indagine sul presunto eccidio di Leopoli*, costituita su iniziativa del Ministro della Difesa Giovanni Spadolini, con i costi facilmente immaginabili, composta da Ufficiali italiani e da personaggi come Lucio Ceva, Rigoni Stern, Bedeschi ed il solito ed immancabile Revelli.

La prima fase dell'inchiesta non trovò alcun riscontro oggettivo.

La Repubblica scriveva in proposito:

ROMA. La prima fase delle indagini compiute dalla commissione ministeriale sulla strage di Leopoli porta ad escludere quale unico orientamento definitivo, che l'eccidio possa riguardare reparti o militari dell'Armir. Lo ha reso noto un comunicato relativo alla quarta riunione della commissione. Il sottosegretario alla Difesa, Bisagno, ha riferito al ministro Spadolini le conclusioni di questa prima fase del lavoro della commissione.

Bisagno - dice la nota - ha precisato che la documentazione testimoniale acquisita consente di escludere che il tragico evento possa essere avvenuto antecedentemente all' 8 settembre 1943 e possa quindi avere coinvolto personale militare italiano inquadrato nei reparti regolari dell'Armir, in quanto il loro rientro in patria fu gradualmente completato nell'agosto 1943.

Ciò è stato confermato dalle dichiarazioni testimoniali rilasciate alla commissione da una parte dei circa 1500 militari italiani fatti prigionieri dai tedeschi su altri fronti e concentrati nella fortezza di Leopoli (stalag 328) in periodi successivi al 17 settembre 1943 e sino al gennaio 1944, rientrati in Italia dopo ulteriore prigionia in altri campi di concentramento in Polonia e Germania. Bisagno ha anche detto che la elaborazione dei dati memorizzati presso l'albo d' oro ha portato ad escludere

---

91 Un tale comando non è mai esistito.
92 Autore, ricordiamo, de *Le tombe dell'Armir*.
93 *Sangue e dubbi nelle fosse di Leopoli*, "Triangolo Rosso" gennaio 1987. L'articolo è reperibile sul sito dell'*Associazione nazionale ex deportati politici nei campi nazisti* www.deportati.it/sangue_dubbi.html.

che i nominativi segnalati da varie fonti, nazionali ed estere, quali vittime del temuto eccidio, si riferiscono a personale militare italiano inquadrato in reparti militari italiani operanti in Russia o su altri fronti. Fanno eccezione circa 30 nominativi che risultano essere di militari italiani deceduti o dichiarati dispersi in date e località diverse dal fronte orientale. Ora si procederà alla seconda fase dell' indagine, che deve accertare se dopo l' 8 settembre 1943 contingenti di militari italiani sono stati fatti prigionieri o internati in campi di concentramento nazisti. A tal fine - conclude la nota - è stata ribadita l'importanza della consultazione della documentazione degli archivi di altri paesi già sollecitata sia negli stati occidentali sia nell'Urss[94].

La commissione si recò quindi sul luogo della presunta strage.

Ecco come sempre il quotidiano *La Repubblica* presentava la partenza della commissione per l'URSS:

ROMA Il sottosegretario alla Difesa, Tommaso Bisagno, partirà per Mosca domani in una missione della commissione di inchiesta sui fatti di Leopoli. Sei mesi dopo il primo comunicato della Tass sulle nuove prove del massacro dei duemila militari italiani a Leopoli, per mano dei tedeschi, il punto di vista sovietico e quello italiano continuano a divergere. I sovietici infatti insistono nel chiedere contatti operativi diretti fra le competenti autorità giudiziarie e militari e lamentano che questo approccio non sia stato agevolato sul piano ufficiale. Da parte loro le autorità italiane continuano a ribadire che la loro funzione è quella di una ricognizione tecnico-informativa. La controversia con Mosca verte anche sulla collocazione cronologica del massacro dei militari italiani dell'Armir[95].

Come si vede, il *massacro* è dato come verità assodata.

I lavori della commissione si conclusero, com'era ovvio, con la totale smentita della strage. Sarebbe bastata la lettura delle righe che il comandante dello C.S.I.R. aveva dedicato all'argomento già nel 1963, senza trasferte costosissime...

Nell'occasione Revelli si permise di attaccare gli ufficiali che per l'ennesima volta smentirono le menzogne sovietiche sulla falsa strage di Leopoli accusandoli di non voler far luce sul massacro e di voler coprire le responsabilità tedesche!

Livido di rabbia come di consueto con chi osasse avere una opinione diversa dalla sua, l'anziano romanziere scrisse:

[…] Nella relazione che ha vinto, anzi che ha stravinto, si ridicolizza la documentazione polacca e sovietica. Poi con una trovata macabra dell'ultimo momento, non si esorcizzano soltanto le "fosse comuni" di Leopoli e dintorni, ma dell'intera Polonia.

Che non è poi ben chiaro che relazione avessero con gli scopi della commissione.

Pubblicando poi uno stralcio della relazione ufficiale, Revelli, pieno di astio, continua:

questa la formula dell'esorcismo, buona per neutralizzare qualsiasi prova possa giungere dalla zona di Leopoli![96]

Malafede evidente, giacché il Revelli non poteva ignorare che dell'argomento si parlava dal 1958 e che ogni volta era stata dimostrata la totale infondatezza della frottola di Leopoli. Ma ancor più incredibili, da parte di un reduce di Russia!, appaiono i commenti dell'ex partigiano alle dichiarazioni del sottosegretario Tommaso Bisagno, che, conscio dell'inattendibilità delle

---

94   Ibid., 7 marzo 1987
95   "La Repubblica" 7 luglio 1987 p. 14.
96   Revelli, *Introduzione*, in *L'ultimo fronte*, 2ª ed., Torino 1989, p. XXV.
Cfr. anche Nuto Revelli, *Il caso Leopoli. La Commissione ministeriale d'inchiesta sul «caso Leopoli» con due note di Giorgio Rochat*, in Istituto Storico della Resistenza in Piemonte, *Una storia di tutti. Prigionieri, internati, deportati italiani nella seconda guerra mondiale*, Torino 1989.

dichiarazioni sovietiche aveva detto di ritenere.

Che l'insistenza ad orientare l'attenzione sulla ricerca aleatoria delle sepolture di Caduti italiani nella zona di Leopoli tenda a far passare in secondo piano la ricerca basata su elementi organici e obiettivi delle altre numerose sepolture di Caduti italiani già individuate, e quindi facilmente e rapidamente recuperabili per il seppellimento in Italia[97].

Semplice buon senso, come dimostrarono i fatti, quando, dopo la caduta del regime sovietico, si poterono rimpatriare un gran numero di salme la cui esistenza era stata sino ad allora negata; e del resto, come si è visto, la fola di Leopoli era stata già smentita.

Ma ciò non andava bene al Revelli, che astiosamente chiosò, con inopportuna ironia, dato l'argomento:

Una ipotesi [quella del sottosegretario Bisagno, NdA] forse indecifrabile per i non addetti ai lavori, e il cui vero significato era questo: i sovietici la smettano di provocarci con la favola dell'eccidio di Leopoli. Affrontino invece l'annoso problema dei nostri caduti e dispersi del fronte russo e della prigionia in Urss. Ci restituiscano quelle salme una volta per tutte[98].

Più che *un'ipotesi forse indecifrabile* quella del sottosegretario era la pura e semplice realtà dei fatti. Non però per Revelli, il che, per chi da cinquant'anni non si occupava nei propri scritti che della campagna di Russia e della "resistenza", appare quantomeno curioso, dato il gran numero di testimonianze dei reduci dai campi di prigionia sovietici di cui non poteva assolutamente ignorare l'esistenza. Allora perché un simile atteggiamento, che si può attribuire solo a malafede o a stupidità, ed il Revelli stupido certo non era?

Allo stesso modo, appare incredibile la seguente frase del Revelli:

il ministro della Difesa, Giovanni Spadolini, forse mal consigliato, affermò intempestivamente che non era mai esistita una "Divisione Retrovo italiana"[99].

Chiunque è in grado di controllare da una qualsiasi storia dell'Esercito italiano nella seconda guerra mondiale che non è mai esistita una divisione con un nome così strampalato! Le divisioni italiane che iniziavano con la lettera *R* erano: *Ravenna* (3ª), *Re* (13ª), *Regina* (50ª), *Rovigo* (105ª); di esse solo la *Ravenna* combatté sul fronte russo, venendo rimpatriata nel maggio del 1943. Per quanto riguarda la denominazione delle brigate e dei relativi reggimenti, oltre a quelli delle suddette divisioni, per R iniziavano solo i reggimenti 79° ed 80° della brigata *Roma*, divisione *Pasubio*, rimpatriati nel marzo 1943.

Benissimo fece dunque Spadolini (il quale, non lo si dimentichi, era anche storico di vaglia, abituato a basarsi sui documenti e non sulle approssimazioni) a rilasciare quella dichiarazione, dimostratasi tutt'altro che *intempestiva*.

Tale atteggiamento del romanziere piemontese, sia pure in parte giustificabile con la partecipazione dello scrittore alla "resistenza", fa il paio con il fatto che in tutti i suoi scritti il Revelli non abbia mai ritenuto opportuno pubblicare *una sola* riga ostile ai sovietici o al trattamento da essi inflitto ai prigionieri, cosa piuttosto curiosa ed insolita, tanto più che Revelli non era comunista, anche se la "scuola torinese" post *Giustizia e Libertà* ha in effetti prodotto una serie piuttosto lunga di autori più *engagé* che obiettivi, da Del Boca a De Luna, da Bobbio a Luzzatto, senza considerare gli intellettuali direttamente a libro paga dei servizi segreti sovietici[100].

Il crollo dell'URSS e l'apertura degli archivi sovietici permise di far luce sulla verità, ossia che i

---

97   "Corriere della sera" del 31 gennaio 1987.
98   Revelli 1989, p. XVI. Ripetiamo, nelle intenzioni dell'autore piemontese il testo vorrebbe essere ironico!
99   Ibid.
100 N. Petrov, *Disinformacija. Arma del KGB*, in Bertelli, Bigazzi 2001, pp. 421 segg.

sovietici e non i tedeschi si resero colpevoli della morte del 94% dei prigionieri italiani; tuttavia, la favola dell'eccidio di Leopoli periodicamente rispunta fuori, l'ultima volta, a quel che ci consta, nel 1990 e 1992 sull' *Izvestija* e nel 1998 con un articolo apparso sulla *Pravda* [101].

Come il massacro dei 14.587 ufficiali polacchi assassinati dall'NKVD a Katyn, presentato come opera dei tedeschi, anche questa volta alla fine la verità era venuta fuori, ed ancora una volta i responsabili erano i medesimi. Ed anche gli sciacalli di certa stampa.

Ancor oggi tuttavia non si conosce quale sia stata la fine di ben 10.766 soldati italiani dispersi in Russia, né il luogo dove sono stati sepolti.

---

[101] Si vedano le conclusioni della commissione, in *Commissione Ministeriale d'Indagine sul presunto eccidio di Leopoli avvenuto nell'anno 1943 – Relazione conclusiva*, Roma 1988

APPENDICE

NESSUNA MERAVIGLIA SE NOI OGGI INNALZIAMO LA BANDIERA DELL'ANTIBOLSCEVISMO. MA QUESTA E' LA NOSTRA VECCHIA BANDIERA! MA NOI SIAMO NATI SOTTO QUESTO SEGNO, MA NOI ABBIAMO COMBATTUTO CONTRO QUESTO NEMICO, LO ABBIAMO VINTO, ATTRAVERSO I NOSTRI SACRIFICI ED IL NOSTRO SANGUE.

DISCORSO DI MILANO - 1-11-1936 - XV

DOCUMENTI

N. 60 di prot.   P.C. 755 li 10/2/1945/XXIII°

OGGETTO: Nomi di btg. alpini e gruppi di artiglieria alpina.-

PROMEMORIA per la Segreteria Militare del Ministero FF.AA.

POSTA DA CAMPO 867

Condivido in linea di massima quanto prospettato con foglio n. 484/4/B del 24 s.m. di codesta Segreteria, e relativi allegati.

Credo però che non sia il caso di farsi illusioni circa una numerosa affluenza di volontari, anche perché la possibilità prospettate dal Ministero FF.AA. con foglio.02/1671/5/1/1 del 29/1/45 sono da tenere sempre in evidenza.

Prospetto per la Divisione "Monte Rosa" la opportunità che il gruppo esplorante venga dato dall'ultimo btg. passato alla divisione stessa, il 15 gennaio scorso, e precisamente del btg. Cadore.

Realizzando il progetto di trasformare in alpina tutta la divisione "Littorio" si dovrebbero assegnare i nomi dei tre btg., ai gruppi di artiglieria ed al gruppo esplorante.

Per uno dei btg. il proposto nome di Cuneo sta bene; esso corrisponde al vecchio btg. Borgo San Dalmazzo del 2° rgt. Alpini e rievoca anche quello omonimo di un btg. sciatori. Per gli altri due btg. propongo quelli di preesistenti btg. del 1° e 3° rgt. Alpini: btg. Ceva e btg. Exilles.

Per i gruppi di artiglieria someggiata propongo i nomi di gruppo Val Chisone - gruppo Valtellina e gruppo Valle Isonzo; per quello ippotrainato gruppo Asti.

Il gruppo esplorante della divisione potrebbe essere costituito da un btg. alpino; a questo potrebbe darsi il nome di Tolmezzo, anche con lo scopo di riunire in detto btg. tutti gli elementi, oggi molto sparsi, già dell'8° rgt. Alpini.

Il futuro afflusso dei complementi dovrà essere sempre regolato in maniera di garantire il criterio di reclutamento regionale.

Prospetto anche l'opportunità che gli alpini ed artiglieri alpini, ultimate le proprie licenze di convalescenza, dai rispettivi centri di reclutamento vengano fatti affluire ai btg. e gruppi corrispondenti.

Allego uno specchio dal quale risultano alcune varianti ai nomi di un btg. e di tre gruppi di artiglieria alpina. Tali varianti sono conseguenti alla necessità di rispettare il criterio di reclutamento regionale e di evitare omonimie tra btg. e gruppi.

Propongo che quando i centri alpini avviano ai depositi divisionali reparti di complementi già vestiti, ricevano dai depositi divisionali medesimi, in restituzione, sfruttando i mezzi di trasporto in ritorno, un numero di serie vestiario pari a quello degli uomini caduti.

E il btg. Valanga della X Mas.?-

IL GENERALE ISPETTORE
- Amedeo De Cia -

P.C.C.
L'UFF. SUPERIORE ADD.INT.
(Magg. Colloridi Giuseppe-)

Documenti concernenti la formazione e il personale della Divisione Alpina Monterosa *dell'Esercito Nazionale Repubblicano; è più volte citata la provenienza da reparti Alpini esistenti prima dell'8 settembre 1943 di buona parte degli effettivi della GG.UU. (v. pagg. 22-24) (Archivio De Cia).*

DIVISIONE MONTEROSA

1. DATI SALIENTI

   - All'atto della costituzione della Repubblica Sociale Italiana, si pensò di formarne l'esercito impostando un nucleo di divisioni da addestrare in Germania ("Monterosa", "Italia", "Littorio" e "San Marco").

   - La "Monterosa" fu la prima ad essere organizzata. Al riguardo, nel dicembre 1943, vennero avviati al campo di addestramento di MUENZINGEN, i primi U, SU e soldati dei reggimenti alpini e di artiglieria alpina tratti dai campi di internamento (1000 u.). In tale contesto è da registrare la completa adesione dei quadri del btg. "Exilles" (Comandante Farinacci).

   - L'addestramento cui venne sottoposto il personale fù molto intenso e volto a conferire la padronanza dell'impiego dei mezzi, in gran parte nuovi, e procedimenti tattici talvolta radicalmente diversi da quelli tradizionali delle truppe alpine e dell'esercito italiano. L'addestramento, infatti, era quello della fanteria germanica.

   - Le unità vennero progressivamente completate con l'afflusso, durante tutta la primavera, di nuove truppe e mezzi provenienti dall'Italia. Primi comandanti della G.U. furono i generali MANFREDINI e, successivamente, il gen. RICCI, con il quale venne completata la prima fase dell'addestramento (primi di maggio 1944).

   - Il cappello alpino venne conferito in data 21 aprile '44.

   - Un successivo ciclo addestrativo, durato fino al luglio 1944, riguardò la cooperazione tra le varie armi. In quel periodo, il comando della Divisione venne affidato al generale dei bersaglieri Mario CARLONI.

   - Organico della Divisione "MONTEROSA":
     - 1° Rgt. Alpini : btg.Aosta, btg.Bassano, btg.Intra;
     - 2° Rgt. Alpini : btg.Brescia, btg.Morbegno, btg.Tirano;
     - 1° Rgt. art.alp.: gr.Aosta, gr.Bergamo, gr.Vicenza, gr.Mantova

(ippotrainato).

- Schieramento assunto in Italia: difesa costiera della **riviera ligure**:
    - 1° Rgt. Alpini: settore tra Nervi e Cavi (est di Lavagna);
    - 2° Rgt. Alpini: settore tra Cavi e Levanto.
- Tali posizioni vennero mantenute sino alla fine dell'estate 1944. Nell'ottobre '44 una parte della Divisione venne **trasferita in Garfagnana** (cdo 1° Rgt.alp., btg.Intra, btg.Brescia, 1 cp.Aosta ed inoltre Cdo 1° Rgt. art.alp. con i gr. Bergamo e Mantova) e precisamente nella Valle del Serchio.

2. CONSIDERAZIONI

- Personale raccogliticcio, ancorchè per la maggioranza proveniente da reparti alpini;
- Taluni reparti costituiti per semplice cambiamento di denominazione di altri non alpini;
- Tipo di addestramento svolto in zone e con metodologie non tradizionali per le TT.AA.
- Struttura organica: non completamente tradizionale;
- Inquadramento: il comandante ed aliquota dei Quadri non appartenevano alla specialità;
- Impiego: inizialmente l'orientamento era per la difesa costiera, successivamente venne impiegata con le modalità della fanteria e in azioni antiguerriglia;
- G.U. costituita con caratterizzazione alpina e considerata come tale nella struttura dell'esercito della Repubblica Sociale;
- Personale di truppa di reclutamento alpino;
- Centri di costituzione in località di montagna.

Alcuni esempi di cartoline di propaganda italiane del 1941-1942; in diverse di esse estratti di discorsi antibolscevichi di Mussolini sono legati iconograficamente alla guerra in corso contro l'Unione Sovietica.

C'È ANCORA IN GIRO QUALCHE INGUARIBILE DEFICIENTE CHE OSI AFFERMARE CHE LA "LUCE VIENE DALL'ORIENTE?"

Da "IL POPOLO D'ITALIA" - 5-3-1938-XVI

In quest'ultima cartolina è ripreso invece un tema che sarà sfruttato anche dalla propaganda elettorale anticomunista del dopoguerra: il "demone bolscevico" che minaccia l'Occidente e i suoi valori.

UN UFFICIALE ESEMPLARE
IL FOGLIO MATRICOLARE DEL COLONNELLO MARIO CARLONI, COMANDANTE DEL 6 REGGIMENTO BERSAGLIERI IN RUSSIA

Abbiamo scelto il colonnello Mario Carloni come esempio tipico di quei soldati italiani che, anche senza essere particolarmente legati al fascismo, si batterono sul fronte russo dimostrando notevole combattività e motivazioni morali; Carloni, come molti altri combattenti, scelse, dopo l'8 settembre 1943, di continuare la lotta dallo stesso lato della barricata, anche per rispetto alla memoria dei caduti del suo reparto, e del figlio Bruno, morto sul Don nel luglio 1942: proprio per tale motivo il colonnello aveva chiesto di essere trasferito sul fronte sovietico al comando del reggimento del figlio.

Carloni è esemplare di quegli ufficiali che onorerebbero qualsiasi esercito, e che sono stati dimenticati dalla pubblicistica corrente perché troppo lontani dai consueti cliché, *ma che pure furono la maggioranza.*

Mario Carloni nacque a Napoli il 27 dicembre 1894. Nel 1912 si arruolò come volontario nel 5° Reggimento. Bersaglieri. Come sottotenente in forza al Deposito di Brescia dal 15 maggio 1915 svolse il servizio di prima nomina nel 7° reggimento Bersaglieri. Durante la Prima Guerra Mondiale rimase ferito due volte. Tenente in Spe e poi capitano, nel dicembre 1918 venne incaricato di organizzare l'Esercito cecoslovacco. Maggiore dal 1930, venne promosso nel novembre 1936 tenente colonnello incaricato di insegnare all'Accademia Militare di Modena. Fu promosso colonnello con anzianità 1 gennaio 1940.

Si imbarcò a Bari per l'Albania il 19 settembre 1940 e, al termine della guerra con la Grecia, il 20 aprile 1941 sfilò ad Atene alla testa di un Reggimento di formazione. Il 4 ottobre 1942 chiese il trasferimento da Creta per combattere fino al 23 marzo 1943 sul Fronte russo al comando del 6° Reggimento Bersaglieri di Bologna, il Reparto dove aveva combattuto come sottotenente il figlio Bruno, caduto il 13 agosto 1942 a Baskowskij e decorato di medaglia d'oro[102].

Condusse la ritirata dal Don con grande capacità, tanto che malgrado il 75% di perdite, il 6° ebbe modo di distinguersi a gennaio nella lotta antipartigiana, quando Carloni era stato nominato comandante della piazza di Pavlov, dove il 20 gennaio stroncò con grande energia un'insurrezione di truppe ausiliarie e partigiani. Rimpatriò dal fronte russo il 23 marzo 1943, e il 27 luglio 1943

Adolf Hitler lo insignì della *Deutsches Kreuz in Gold*. Dal 15 luglio 1943 divenne Comandante del Centro Costituzione Battaglioni Cacciatori di Carro a Verona, da dove il 13 settembre, catturato dai tedeschi è avviato all'*Offizierlager* di Przemysl, ma, avendo aderito alla RSI, fu liberato il 23 settembre e trasferito a Berlino per dirigere dal 1° ottobre 1943 l'ufficio di Capo Reparto Esercito della Missione Militare Italiana in Germania. Il 28 novembre ad Heuberg (Württemberg) assunse

---

102 *Giovanissimo ufficiale entusiasta e valoroso, già decorato di medaglia d'argento al valore militare "sul campo". Durante l'accanito e sanguinoso combattimento, quando il nemico era riuscito a penetrare nelle linee, minacciando il fianco di un nostro battaglione, alla testa dei suoi si lanciava al contrassalto. Ferito ad un braccio rifiutava ogni soccorso e fasciatosi sommariamente, continuava con immutato slancio ricacciando l'avversario all'arma bianca. Mentre, ritto innanzi a tutti, difendeva a bombe a mano la posizione da rinnovati più furiosi assalti, una raffica di mitragliatrice lo abbatteva. Ai bersaglieri accorsi in suo aiuto rispondeva in un supremo sforzo sollevando in alto il piumetto: "Me l'ha donato mio padre, diteglì che l'ho portato con onore".*
Magnifica figura di soldato, che nella luce del sacrificio consacra ed esalta il fascino della più pura passione bersaglieresca.
Fronte russo – Bobrowskij, 3 agosto 1942.
Prima di partire per la Russia, il colonnello Carloni aveva dato al figlio, perché lo portasse sul suo elmetto, il piumetto del nonno, morto nella guerra del 1896.

il comando della Divisione Bersaglieri *Italia* in addestramento e, Generale dal 16 giugno 1944 e in sostituzione del Generale Goffredo Ricci, dopo un mese assume il comando della Divisione Alpina *Monterosa* in procinto di rientrare in Italia.

Sostituì nell'incarico di responsabile del sottosettore Serchio-Garfagnana dal 20 novembre 1944 l'*Oberst* Schirowski, dopo che la divisione *Monterosa* da metà ottobre aveva avvicendato la *42. JD* schierandosi sulla "linea gotica" con un terzo degli effettivi divisionali. Dal 26 al 28 dicembre 1944, con l'appoggio sul campo del *LI Geb. Korps*, guidò l'azione *Wintergewitter* contro elementi della *92th Infantry Division Buffalo*; il 21 febbraio riassume il comando della Divisione *Italia*. Il 1 marzo 1945 divenne Generale di Divisione e a seguito dell'offensiva americana del 6 aprile iniziò un graduale ripiegamento verso la valle del Po, sostenendo un ultimo combattimento vittorioso il 26 aprile. La divisione giunta a a Fornovo di Taro presso Parma, si arrese il 29 aprile, con l'onore delle armi, alla *FEB*, il Corpo di Spedizione Brasiliano, avendo trovata la ritirata bloccata dalla distruzione dei ponti sul Taro.

Venne rinchiuso dapprima nel *339 PW Camp* di Coltano poi dal 22 novembre 1946 passò sotto la giurisdizione della CsA di Lucca e poi di quella di Chiavari, che lo scagionarono dall'accusa di crimini di guerra, e, consegnato alle autorità italiane, trasferito a Forte Boccea a Roma. Il 4 ottobre 1946 sia venne assolto dalla Commissione Militare di Firenze del *M.T.O.* dell'*U.S. Army* per l'uccisione dell'ufficiale statunitense Alfred Lyth; la sentenza venne confermata il 27 febbraio 1947, il Tribunale Militare di Roma lo scarcerò da Forte Boccea soltanto il 19 maggio 1951, ponendolo in congedo con la conferma del grado di colonnello rivestito nel Regio Esercito103. Nel dopoguerra pubblicò un interessante saggio sulla *Campagna di Russia*, pubblicato da Longanesi nel 1956 e dedicato alle vicende del 6° Bersaglieri.

Il generale Carloni morì a Roma il 30 gennaio 1962.

---

103   Si legge a volte che Carloni sarebbe stato degradato a colonnello: in realtà l'Esercito italiano non riconosce il grado rivestito nella R.S.I. ma solo quello del Regio Esercito, né sarebbe stato opportuno degradare un ufficiale assolto da qualsiasi imputazione, e sotto la cui guida il reparto da lui comandato aveva guadagnata la Medaglia d'Oro al Valor Militare.

Il Generale Carloni, comandante della Divisione Alpina Monterosa *(Archivio Fotografico* Monterosa*)*.

FOGLIO MATRICOLARE
DI CARLONI MARIO, GLIO DI COSTANTINO
E DI GIULIA DE MICHELI

Foglio Matricolare di Mario Carloni, figlio di Costantino e di Giulia De Micheli, matricola 31553 del distretto di Napoli, classe 1892.

Soldato volontario nel 5° reggimento bersaglieri, allievo ufficiale ascritto 1° Categoria classe 1892 - 31 dicembre 1912. Caporale in detto 31 marzo 1913. Sergente nell'11° Bersaglieri continuando alla ferma contratta 31 luglio 1913. Cessò dalla qualità di allievo ufficiale per continuare nella carriera di sottufficiale (determinazione del comandante del 10° corpo di armata in data 31 settembre 1913 n. 5478 17 settembre 1913). Reintegrato nella qualità di allievo ufficiale di complemento Disp. Minist. 41958 in data 28 dicembre 1914. Sottotenente di complemento effettivo al deposito bersaglieri Brescia e assegnato al 7° Bersaglieri per il servizio di prima nomina R. D. 29 aprile 1915. Giunto al 7° Bersaglieri per prestarvi il prescritto servizio di prima nomina 15 maggio 1915. Tale in territorio dichiarato in istato di guerra presso il 7° bersaglieri mobilitato 45° battaglione Milizia Mobile 24 maggio 1915. Continua nel servizio di prima nomina fino a ferma ultimata 11 marzo 1916. Tale in spe con anzianità assoluta 10 dicembre 1915, con riserva di anzianità e decorrenza assegni dal 1° dicembre 1915 D. L. 9 aprile 1916. Tenente per merito di guerra in detto, con anzianità 2 dicembre 1915. Capitano in detto con anzianità 10 aprile 1917 1° aprile 1917. Tale ricoverato nell'ospedale da campo n. 237 (poi Bologna) per ferita riportata in combattimento a quota 147 di Flondar 5 giugno 1917. Tale traslocato all'ospedale militare principale territoriale di Napoli 7 luglio 1917 - inviato in licenza di 60 g il 15 agosto 1917. Tale in territorio dichiarato in istato di guerra presso il 7° Bersaglieri mobilitato 15 ottobre 1917. Tale Aiutante di campo della 2a brigata bersaglieri. 31 dicembre 1917. Tale nel deposito Cecoslovacco e assegnato al 33° Regg. mobilitato 16 maggio 1918.

Tale nel Quartier Generale del comando del Corpo Cecoslovacco 4 novembre 1918 - 10 giugno 1919. Tale nel 7° Bersaglieri mobilitato 31 luglio 1919. Tale nel deposito di reggimento bersaglieri Roma e comandato al Ministro della Guerra D.N. 14 dicembre 1919. Tale nel deposito 7° bersaglieri Brescia rimanendo comandato al Ministero della Guerra B. N. 14 marzo 1920. Tale cessa di essere comandato al Ministero della guerra dal 18 marzo 1921 e rientrato organicamente al 7° Bersaglieri. Tale nel distretto militare di Sulmona D.N. 30 agosto 1925. Conferitagli la qualifica di primo capitano dal 1° aprile 1929. Maggiore nel 2° Rgt. fanteria con anzianità 20 settembre 1930. Tale nella R. Accademia Fanteria e Cavalleria D.N. 29 novembre 1936. Tenente Colonnello in detta con anzianità 31 dicembre 1936. Colonnello in detto con anzianità assoluta 1° gennaio 1940 XVIII.

Imbarcatosi a Bari per l'Albania 19 settembre 1940. Tale Comandato quale Comandante di un reggimento di formazione per la rivista in Atene (Grecia) 20 aprile 1941. Rientrato al 31° Rgt. ftr. mobilitato 14 giugno 1941. Trasferito al Comando Armata dal 23 settembre 1942 al 7 novembre 1942. Trasferito al 6° Bersaglieri generale comandante dal 22 ottobre 1942. Partito per l'Italia per rimpatrio 23 marzo 1943. Giunto al Campo contumaciale di Miramare Trieste 2 aprile 1943. Inviato in licenza di avvicendamento di gg. 30, 23 aprile 1943. Cessa al Comando del 6° Bersaglieri ed è destinato a disposizione del Comando 8a Armata per speciale incarico 1 luglio 1943. Tale nel Q.G. dell'8a Armata Cessa dal predetto incarico 5 agosto 1943. Trasferito al Comando del 35° C.A. per speciale incarico dal 5 agosto 1943 quale Comandante al Centro Costituzione Battaglioni cacciatori carro in Verona.

Catturato dalle forze germaniche e avviato al campo transito di Berlino il 13 settembre 1943. Avviato al Lager di Przemysl il 16 settembre 1943. Liberato in quanto decorato di *Deutsche Kreuz in Gold* e avviato a Berlino il 23 settembre 1943. Capo Reparto alla Missione Militare Italiana in Germania in Berlino il 1 ottobre 1943. Destinato quale Comandante della Divisione bersaglieri *Italia* al Campo di Heuberg il 28 novembre 1943. Promosso Generale di Brigata il 15 giugno 1944 continuando nell'incarico. Destinato quale Comandante della Divisione Alpina *Monterosa* al campo di Münsingen il 15 luglio 1944. Cessa dal comando della Div. Alpina *Monterosa* e assume quello della Divisione bersaglieri *Italia* il 21 febbraio 1945. Promosso Generale di Divisione il 1 marzo 1945 continuando nell'incarico. Si arrende con le sue truppe al Comando del Corpo di spedizione brasiliano (*FEB*) presso Collecchio (Parma) il 29 aprile 1945. Riceve l'onore delle armi. Suo figlio, il Sottotenente Bruno Carloni, decorato della MOVM alla memoria, era caduto in Russia nel 1942 combattendo nel 6° Bersaglieri.

DECORAZIONI

Decorato della Medaglia d'Argento al V.M. per il seguente motivo: "Lanciava la propria truppa all'assalto, incitandola con nobili parole all'avanzata. Caduto ferito e impossibilitato a tenere il Comando continuava ad animare i dipendenti e al comandante del Battaglione che gli era accorso vicino per confortarlo rivolgeva le seguenti parole: *Non pensare a me, pensa al battaglione portalo avanti. Viva l'Italia, Viva l'Italia*". Flondar, 5 giugno 1917.

Decorato della Croce al Merito di Guerra con determinazione del Comando del 29° C. A.

Decorato della Croce di Guerra Cecoslovacca (Autorizzazione del Ministero della Difesa Cecoslovacco in data 5 aprile 1919).

Decorato della Medaglia Rivoluzionaria Cecoslovacca (Autorizzazione del C. A. Speciale Cecoslovacco in Italia novembre 1918).

Decorato della medaglia a ricordo dell'Unità d'Italia di cui a R. R. D. D. 26 novembre 1883 n. 1294 e 19 gennaio 1922 n. 1229 col motto "Unità d'Italia 1848-1918".

Decorato della medaglia d'onore *Vermeil avec Glaives* (Autorizzazione del Ministero degli Esteri della Repubblica Francese luglio 1923).

Concessogli un distintivo d'onore per la ferita riportata il 11 maggio 1915 a Monte Pini (La Santa) Val Giudicarle (Det. del Comandante del 7° Reggimento Bersaglieri" del 28 gennaio 1918).

Concessogli un secondo distintivo d'onore per la ferita riportata il 5 giugno 1917 a quota 146 di E. Gondar (Det. del Comandante del 7° Reggimento Bersaglieri).

Cavaliere dell'Ordine della Corona d'Italia R.D. 18 aprile 1931.

Decorato della Croce d'Oro per anzianità di servizio istituita con R. D. 8 novembre 1900 n. 358 - Det. Mm 5 ottobre 1933 Brev. n. 28922.

Decorato della medaglia Commemorativa della Guerra 1915-1918 istituita con R D 29 luglio 1920 n. 1241 e autorizzato ad apporre sul nastro della Medaglia le fascette delle Campagne 1915-1916-1917-1918.

Decorato della medaglia Interalleata della Vittoria di cui al R. D. 1918 del 16 dicembre 1920.

Decorato della Medaglia d'Argento al V.M.: "Comandante di reggimento di elevate qualità militari, già distintosi in precedenti fatti d'armi sul fronte greco e più volte decorato al valore in successivi giorni di operazioni belliche dava ripetute prove di slancio, capacità, dedizione al dovere. Rimasto con qualche centinaia di bersaglieri del suo reggimento contro preponderanti forze nemiche che lo attaccavano ripetutamente minacciandolo di aggiramento, riusciva a impedire per due giorni ogni progresso. Attaccato violentemente ancora una volta riusciva a contenere sino al sopraggiungere della notte la posizione avversaria, ripiegando solo dietro esplicito ordine superiore. Magnifica figura di comandante valoroso capace e animatore".

Decorato della Medaglia d'Argento al V.M.: "Comandante di un reggimento Bersaglieri motorizzato, in una particolare critica situazione, con ammirevole serenità, coraggio, energia, e capacità operativa, dava anima a una tenace resistenza esponendosi ove maggiore era il pericolo. Minacciato d'accerchiamento da elementi corazzati nemici, si apriva arditamente un varco raggiungendo lo schieramento arretrato di truppe amiche.

Successivamente proteggeva per più giorni il ripiegamento di unità alleate accerchiate da forze corazzate e da fanterie nemiche riuscendo a rintuzzare sempre vittoriosamente ogni tentativo dell'avversario".

Fronte Russo 21 dicembre 1942 - 3 gennaio 1943 (O. P. 81 del 30 aprile 1943 del Dep. 1° Bersaglieri).

Decorato della Croce di Ferro di 2a Classe O. P. 129 del 3 luglio 1943.

Decorato motu proprio dal *Führer* della *Deutsche Kreuz in Gold* (O. P. 122 dal 25 giugno 1943 del Dep. 6° Bers.).

Decorato della Medaglia d'Argento al V.M. con motivazione: "Comandante di Reggimento di rara perizia, in cento giorni di lotta aspra ed accanita, dava luminose prove di ardimento e di valore contro un nemico, di gran lunga superiore di forza e di mezzi ed in condizioni di terreno e di clima oltremodo difficile, sempre primo tra i suoi fanti, si prodigava infaticabilmente oltre ogni limite, creando del suo reggimento un magnifico organismo di lotta e di vittoria. Fulgido esempio di alta virtù militare, di costante sprezzo del pericolo, di profonda dedizione al dovere". Albania 28 ottobre - 10 febbraio 1941.

Cavaliere dell'Ordine Militare di Savoia con motivazione: "Comandante di Reggimento, in tre giorni di lotta aspra e accanita, guidava i suoi battaglioni contro un munitissimo caposaldo nemico e li lanciava all'inseguimento attraverso una serie di audaci e duri combattimenti. Confermava in tali circostanze le sue alte virtù guerriere, l'illuminata capacità li comando e lo sprezzo del pericolo già dimostrati in innumerevoli prove alla testa dei suoi indomiti fanti".

Quota 731 di Monastero - 14, 15, 16 aprile 1941.

Ufficiale dell'Ordine della Corona d'Italia in considerazione di particolari benemerenze R.D. 21 aprile 1940 XVIII.

Ha partecipato alle operazioni di guerra sulla frontiera greco-albanese dal 28 ottobre 1940 al 23 aprile 1941 a quelle del Mediterraneo (Creta) dal 19 settembre 1941 al 1° ottobre 1942 col 31° regg. Fanteria P. M. 121 28 giugno 1943 XXI.

Ha partecipato dal 4 ottobre 1942 al 23 marzo 1943 alle operazioni di guerra contro la Russia.

SCHEDA BIOGRAFICA DI BENVENUTO (NUTO) REVELLI

Riportiamo questa scheda dal sito dell'ANPI, che ringraziamo sentitamente, perché essa ci dà aggio di constatare, una volta di più, la disinformacija *attuata da una certa storiografia.*
Nato a Cuneo il 21 luglio 1919, deceduto a Cuneo il 5 febbraio 2004, scrittore.
Ufficiale degli alpini della Tridentina nella tragedia della campagna di Russia[104], a questa Nuto si rifece quando divenne uno dei primi organizzatori della resistenza armata nel Cuneese. Chiamò, infatti, "Compagnia rivendicazione Caduti" la prima formazione partigiana da lui messa insieme, prima di portare i suoi uomini nelle formazioni di Giustizia e Libertà.
Dopo aver condotto numerose azioni di guerriglia ed aver superato l'inverno tra il 1943 e il '44 ed i rastrellamenti della primavera, Nuto Revelli assunse il comando delle Brigate Valle Vermenagna e Valle Stura "Carlo Rosselli", inquadrate nella I Divisione GL. Con queste forze, nell'agosto del 1944, riuscì a bloccare, in una settimana di scontri durissimi, i granatieri della XC Divisione corazzata [*sic!* per 90ª Divisione granatieri corazzati, NdE] tedesca, che puntavano ad occupare il valico del Colle della Maddalena.

---

104 È curioso notare come in questo e molti altri casi il sito web dell'ANPI preferisca sorvolare sulla biografia pre-1943 dei personaggi riportati nelle proprie schede; in questo caso non si cita l'arruolamento nella MVSN del *fascista* Revelli, come narrato alle pagg. 21-22 del presente libretto. Un altro caso esemplare di queste amnesie selettive dell'ANPI è nella scheda del senatore-partigiano Paolo Emilio Taviani:

Paolo Emilio Taviani. Nato a Genova il 6 novembre 1912. Nell'università del capoluogo ligure studiò e poi insegnò dalla cattedra di storia delle dottrine economiche (aveva altre tre lauree, oltre a quella di economia: Legge, Scienze sociali e Filosofia). Dal 1931 al 1934 era stato presidente della Fuci, l'organizzazione degli universitari cattolici. Per le sue posizioni antifasciste, nel '43 fu posto al confino di polizia. Nell'estate di quell'anno, Taviani organizzò a Genova la fusione tra i Cristiano Sociali e i superstiti del Partito Popolare. Fu tra i fondatori del Cnl di Genova, durante l'occupazione tedesca, e rappresentò le formazioni cattoliche nella resistenza. Taviani fu uno dei tre dirigenti dell'insurrezione della città che costrinse alla resa un intero corpo d'armata nazista (sic!), prima dell'arrivo degli alleati. Il racconto di quelle giornate dell'aprile del '45 è contenuto nel suo libro Breve storia dell'insurrezione di Genova. Anche in questo caso c'è - stranamente - un *gap dal 1934 al 1943…* sarà forse perché Paolo Emilio Taviani, futuro comandante partigiano, padre della Repubblica e della Costituzione nata dall'antifascismo, aveva vergato nel giugno 1936, tra molte *fascistissime* altre, le seguenti righe, apparse su *Vita e Pensiero*, organo dell'Università Cattolica: Addis Abeba é italiana! La pace è ristabilita! Vittorio Emanuele III Imperatore d'Etiopia! Il popolo italiano è ancora nell'entusiasmo di queste notizie. Riecheggia ancora il grido commosso del Duce: Viva l'Italia! A questa Italia dalla volontà possente il mondo guarda attonito, perplesso, ammirato. All'esercito vittorioso, alla Maestà Imperiale del Re, al suo Duce, al Maresciallo Badoglio, il popolo italiano ha elevato l'espressione della sua riconoscenza… Anche il nuovo Impero dell'Italia in Africa ha da avere un significato spirituale. Fondato sotto i segni del Littorio esso è l'erede di Roma imperiale; ha dietro a se la più fulgida tradizione della storia, quella in cui s'è innestato il tralcio rinnovatore di Gesù Cristo… L'Italia ha oggi in Africa Orientale non le sue floride colonie, ma il suo Impero, perché attua anche laggiù i principi mussoliniani del "vivere pericolosamente", del "credere, obbedire, combattere"; perché pone sull'Acrocoro, cuore dell'Africa, un segnacolo di quella civiltà che è nella sua essenza positiva, la civiltà cristiana.

Per comprendere ancor di più a fondo quanto siano attendibilissime, imparziali e rigorosamente scientifiche le ricostruzioni storiche dell'*ANPI*, basta ricordare come Francesco Moranino, comandante partigiano garibaldino responsabile dell'eliminazione di due agenti italiani dell'*OSS*, di tre partigiani non comunisti e delle mogli di due di questi ultimi, la cui colpevolezza è stata dimostrata in un noto processo, ricostruito puntualmente nel libro di Roberto Gremmo *Il processo Moranino*, è definito nel sito web citato come vittima di "una montatura giudiziaria, che aveva come obiettivo la Resistenza nel suo complesso (era stato accusato dell'eliminazione di sette persone, avvenuta nella zona partigiana controllata dalla sua formazione), [e] costrinse Moranino a riparare in Cecoslovacchia per sfuggire all'arresto". È confermata così, per l'ennesima volta, la massima: *se la realtà contrasta con la teoria, tanto peggio per la realtà*, NdE.

Secondo alcuni storici[105], fu proprio grazie all'eroismo degli uomini di Giustizia e Libertà, comandati da Nuto, che gli Alleati riuscirono ad avanzare sulla costa meridionale francese, per liberare, il 28 agosto 1944, la città di Nizza[106]. Nei giorni della Liberazione, Revelli comandò la V Zona Piemonte.

Lasciate le armi con il grado di maggiore (è poi stato nominato generale del "Ruolo d'Onore"), Nuto ha continuato con la penna il suo impegno civile. Tra i suoi libri ricordiamo, oltre a "Mai tardi, Diario di un alpino in Russia", edito per la prima volta da Panfili a Cuneo nel 1946, "La guerra dei poveri" (1962), "La strada del Davai" (1966), "L'ultimo fronte, Lettere di soldati caduti o dispersi nella II guerra mondiale" (1971)", "Il mondo dei vinti, Testimonianze di vita contadina" (1977), "L'anello forte, La donna, Storie di vita contadina" (1985), "Il disperso di Marburg" (1994), "Il prete giusto" (1998), "Le due guerre" (2003), tutti pubblicati da Einaudi.

A due anni dalla scomparsa, una Fondazione intitolata allo scrittore partigiano è stata inaugurata a Cuneo. Ne raccoglie tutte le carte e si propone "la promozione della cultura che ispirò la Resistenza e la scelta antifascista, in particolare il movimento di Giustizia e Libertà" e "la valorizzazione del contributo apportato da Nuto Revelli alla conoscenza e allo studio del mondo contadino".

---

105   Vista l'assenza nel testo di fonti che avvalorino questa affermazione, viene da pensare che gli "alcuni storici" citati siano l'ANPI stessa e magari la Fondazione Revelli… più che scomodare Bloch, l'interpretazione e l'esegesi delle fonti, qui c'è solo da dire, più prosaicamente, *se la cantano e se la suonano*, NdE.

106   L'Operazione *Anvil/Dragoon*, lo sbarco in Provenza, coinvolse 6 corazzate, 10 portaerei, 20 incrociatori, 110 cacciatorpediniere, 500 navi da trasporto e ben 5.000 aerei. I tedeschi riuscirono, nonostante le centinaia d'interruzioni stradali e ferroviarie causate dai bombardamenti, a spostare alcune unità schierate nel nord-ovest dell'Italia, come la *90. Panzer-Grenadier-Division*, verso il confine italo-francese. Appare evidente come furono le distruzioni causate dalle migliaia di missioni tattiche dell'aviazione Alleata a rallentare lo schieramento verso la frontiera di queste riserve tedesche; è pertanto discutibile l'asserzione, ripetuta in diverse pubblicazioni resistenziali, compresa per l'appunto la pagina web qui riportata, del "determinante apporto alla liberazione di Nizza" della Brigata partigiana capitanata da Nuto Revelli, che tentò di appropriarsi del merito di aver ostacolato in maniera determinante l'avanzata della *90. Panzer-Grenadier-Division*; nonostante le imboscate dei partigiani, la Divisione tedesca occupò il colle della Maddalena il 22 agosto. Peraltro, i piani Alleati non prevedevano una offensiva dalla Francia verso l'Italia, sia per ragioni tattiche (le difficoltà presentate dai valichi alpini) sia strategiche (l'importanza ritenuta minore dell'Italia del nord, la cui conquista era comunque delegata alla 5ª Armata USA e l'8ª Armata britannica). In realtà, il rischieramento della Divisione tedesca causò gravi problemi proprio alla banda di Revelli, che fu costretto a "sfoltirne gli effettivi" (da notare come i *maquis* furono quasi sempre restii ad aiutare i partigiani italiani, come nel caso riportato da Giorgio Rochat in *La libération de la Provence vue d'Italie*, dove i 200 partigiani della 19ª Garibaldi che erano stati costretti nell'ottobre 1944 a passare dalla Val di Lanzo al versante francese: [...] *furono accolti con ostilità dalla popolazione, disarmati sotto la minaccia delle armi e condotti a Grenoble come prigionieri di guerra e costretti a scegliere se rientrare in Italia (ciò che fece un gruppo, costretto a valicare le Alpi in inverno) o ad arruolarsi nel Battaglione di volontari stranieri a Mentone*) mentre Nizza, come d'altronde l'intera Francia del sud, fu conquistata dagli Alleati a causa del ripiegamento dell'*Heeresgruppe G*, deciso dal suo comandante Generale Blaskowitz, considerate le precarie condizioni tattiche dei suoi reparti, e il crollo del fronte in Normandia conseguente allo sfondamento americano a St. Lo (Operazione *Cobra*), che aveva lasciato i reparti tedeschi a sud con un fianco completamente scoperto. Sulle Operazioni *Dragoon/Anvil* e *Cobra*, cfr. Breuer, *Operation Dragoon: The Allied Invasion of the South of France*. Presidio Press, 1996, Gaujac, *Le débarquement de Provence: Août 1944 Anvil-Dragoon*, Histoire et Collections, 2004, Bernage-Cadel, *Cobra, la guerre des GI's*, Heimdal, 1994, NdE.

Nuto Revelli.

LA LETTERA DI TOGLIATTI SUI PRIGIONIERI DELL'ARM.I.R. E IL "CASO ANDREUCCI"

di Ugo Finetti

Il "caso Andreucci" è una chiave di lettura per comprendere la mancata resa dei conti in Italia con la storia del comunismo. Andreucci – che non è certo uno storico anticomunista – ricorda nella prefazione del suo ultimo libro: «Sono stato membro attivo delle organizzazioni giovanili comuniste e poi del PCI dal 1960 al 1983. Il decennio successivo mi ha visto legato come "compagno di strada" all'ala riformista del partito fino al 1992». Quindi dopo il "caso" del 1992 «ho aspettato un po' di tempo da allora, prima di occuparmi del PCI, per riconquistare la serenità e il distacco necessari per lo studio e la ricerca». «Spero di esserci riuscito – aggiunge sottolineando – l'isolamento nel quale mi sono trovato in questi anni in un ambiente accademico ancora caratterizzato da appartenenze e chiesuole». E quindi accenna alla «disgraziata vicenda della lettera di Togliatti sui prigionieri italiani in Russia» che fu causa della sua caduta in disgrazia e di una vera e propria persecuzione.

Di che si tratta? Fu un episodio chiave e decisivo per la gestione in Italia della divulgazione (come o meno) dei documenti sul PCI provenienti dagli archivi sovietici all'indomani del crollo dell'impero sovietico.
Si tratta infatti del ritrovamento della lettera di Palmiro Togliatti in cui il leader comunista si rifiuta di intervenire per la salvaguardia delle vita dei soldati italiani fatti prigionieri in URSS: 27.000 uomini morirono di stenti e torture nei campi di concentramento sovietici e di altri 22.000 non si è più saputo nulla.

Panorama all'inizio del febbraio del 1992 – pochi giorni dopo l'annuncio del rimpatrio in Italia di duemila salme dei caduti di Russia – pubblica il resoconto di uno scambio di lettere tra Togliatti e Bianco rinvenute in uno degli oltre 14.000 fascicoli, custoditi negli archivi del KGB, sui soldati italiani prigionieri in campi di concentramento sovietici. La pubblicazione dei testi presentati da Francesco Bigazzi è curata dallo studioso, Franco Andreucci, che insieme a Paolo Spriano si era precedentemente occupato dell'edizione delle Opere di Palmiro Togliatti su incarico del PCI.
Vincenzo Bianco aveva scritto a Togliatti il 31 gennaio 1943, quando si è già delineata la completa liquidazione dell'Armir, l'VIII Armata italiana in Russia, sollecitandolo a «cercare con il dovuto tatto politico di porre il problema affinché non abbia a registrarsi il caso che i prigionieri muoiano in massa come è già avvenuto».

Togliatti, dopo aver premesso con cinica ironia «sono umanitario quanto può esserlo una dama della Croce Rossa», replica che rifiuta di intervenire in quanto la posizione sugli invasori «è stata definita da Stalin». Ma non solo per questo: «Se un buon numero dei prigionieri morirà per le dure condizioni di fatto – tiene ad aggiungere – non ci trovo assolutamente niente da dire, anzi il fatto che per migliaia e migliaia di famiglie la guerra di Mussolini e soprattutto la spedizione contro la Russia si concludano con una tragedia, con un lutto personale, è il migliore degli antidoti».
Commenta Vittorio Strada: «Siamo di fronte a un leninista ortodosso coerente fino all'estremo con il proprio progetto politico. Non è il primo esempio e non sarà l'ultimo di una acritica, organica e sostanziale consonanza con i dettami leninisti da parte di Togliatti. Del resto, non era Lenin a dire:

non esiste una morale assoluta, la morale è ciò che è utile al comunismo?»[107].
Il PCI-PDS sembra disarmato, ma subito solleva un dubbio sull'autenticità del documento: «Se la lettera fosse autentica – dichiara Veltroni – non si potrebbe che condannarla». Andreucci sostiene anche una diretta corresponsabilità del PCI-PDS in quanto, secondo lui, traccia di un simile testo di Togliatti non può mancare negli archivi custoditi dalle Botteghe Oscure: «Penso – afferma – che il documento sia stato a suo tempo visionato e acquistato dalla Fondazione Gramsci, che non lo ha mai pubblicato». E a proposito del lavoro da lui svolto negli archivi del PCI per la pubblicazione delle Opere di Togliatti precisa: «Il PCI, nelle persone di Natta, Tortorella e Berlinguer, non mi consentì l'accesso ai documenti riservati successivi al 1944».

Non mancano comunque le voci a difesa di Togliatti: «Il nostro partito – dichiara il senatore Paolo Bufalini – non liquiderà mai Togliatti e guai se qualcuno provasse a farlo». Ma è proprio il segretario del partito, Achille Occhetto, ad assumere una posizione netta: «Sono rimasto agghiacciato, colpito moralmente». Aggiunge, però, che è altrettanto cinico fare queste rivelazioni nell'imminenza delle elezioni politiche previste per maggio.
«La lettera è stata resa pubblica nel momento stesso in cui è stata ritrovata»: gli replica il professor Franco Camerlinghi (ex assessore alla Cultura del PCI nella Regione Toscana), presidente delle Edizioni Ponte delle Grazie di cui Andreucci è consigliere delegato. La casa editrice fiorentina inoltre sta concludendo un accordo con l'Istituto marxista-leninista di Mosca al fine di avere libero accesso per tre anni agli archivi del Komintern. «Aspettare a pubblicarla – prosegue Camerlinghi – solo perché siamo in campagna elettorale significava comportarsi in modo stalinista». Cita in proposito la richiesta di Togliatti nel 1963 al PC cecoslovacco di rinviare la riabilitazione di Rudolf Slansky a dopo le elezioni.

Il Presidente della Fondazione Gramsci, Giuseppe Vacca, annuncia – a due giorni dalla rivelazione del testo – che gli storici dell'ex PCI contestano la lettera sul terreno dell'autenticità e che la Fondazione ha organizzato «una missione di studio presso gli archivi del Komintern» al fine di «accertare l'autenticità della lettera di Palmiro Togliatti a Bianco, dell'inizio del 1943, resa nota solo in parte e in modo frammentario». È quindi chiaro che non si accetta di condannare Togliatti, ma ci si muove – con una certa sicurezza e determinazione – per contestare la veridicità della lettera. Quel che preoccupa è che si abbia «libero accesso» agli archivi del Komintern. La "posta" in gioco in tutta questa vicenda sarà appunto il controllo dei documenti sul PCI che si trovano nell'ex URSS.

Vacca, inoltre, si rivolge alla magistratura querelando per diffamazione Franco Andreucci e definendo le sue affermazioni «lesive dell'immagine della Fondazione e mia personale». Ma proprio in quei giorni l'accordo tra Andreucci, Ponte delle Grazie e l'Istituto a cui sono affidate le carte del Komintern sembra concluso. In una conferenza stampa del 6 febbraio, Francesco Bigazzi annuncia che in quell'Istituto
«stanno affluendo i documenti conservati nella città siberiana di Ulan Udel, da cui provengono i fascicoli che riguardano Togliatti». Nel suo intervento Andreucci conferma il valido aiuto offerto dallo storico Frederic Firsov che a Mosca è tra i principali esperti su Togliatti (nella polemica insorta in Italia nell'88 in seguito alla riabilitazione di Bucharin si era schierato a favore di Togliatti): «I documenti – afferma ormai sicuro dell'accordo – sono accessibili a tutti e c'è quella "certezza del diritto" nella ricerca che un tempo non si aveva».

---
107   Gianna Fragonara, *A Togliatti servivano i morti in Russia*, "Corriere della sera", 2 febbraio 1992.

La polemica su Togliatti si ravviva ulteriormente in questa occasione in quanto Andreucci e Bigazzi mettono in discussione anche la leggenda della "svolta di Salerno" frutto di un'autonoma scelta di Togliatti: mostrano ai giornalisti documenti in tedesco e in cirillico che riguardano le lettere scritte da Togliatti a Dimitrov, nel luglio del '43, preoccupate per le possibilità di accordo tra comunisti italiani e Badoglio.

La casa editrice annuncia poi di avere già in programma tre volumi di documenti: il primo sull'Ufficio Quadri del Komintern con la schedatura dei dirigenti del PCI; il secondo sugli infiltrati tra i fuoriusciti antifascisti in particolare socialisti e di Giustizia e Libertà; il terzo sui perseguitati politici. Infine a proposito della lettera di Togliatti a Bianco si precisa che la rivelazione la si deve proprio allo studioso di Togliatti Firsov che, pienamente convinto dell'autenticità, l'ha segnalata ad Andreucci.

Di fronte al divampare della polemica il Presidente della Repubblica, Francesco Cossiga, in vista della consegna formale della lettera all'Archivio di Stato, propone di affidare a una commissione di storici – formata da De Rosa, Galasso e Villari – le verifiche circa l'autenticità. Insorge immediatamente Luciano Canfora[108], esponente di Rifondazione Comunista e componente del Comitato scientifico della Fondazione Gramsci, e quindi Nicola Tranfaglia con altri docenti delle Università di Torino, Trieste, Venezia e Siena inizia la raccolta di firme contro la commissione di verifica. Alla fine, i firmatari saranno 79. Tra gli altri: Renato Zangheri, Nicola Badaloni, Gastone Manacorda, Claudio Natoli, Giuliano Procacci, Aldo Schiavone, Giuseppe Vacca. Cossiga ritira la proposta. Da parte loro le donne del PCI-PDS inviano alla Presidenza della Camera dei Deputati un testo di solidarietà a Nilde Jotti.

Giorgio Bocca il 6 febbraio scrive un editoriale su "Repubblica" contro la troppa attenzione dedicata alla lettera di Togliatti. Titolo: "Dimenticare Hitler". Massimo Salvadori, lo stesso giorno, giudica la situazione dalle colonne dell'Unità: «Qual è il significato dell'attuale offensiva anti Togliatti in questa campagna elettorale? Esso è assai chiaro: trovare un modo per spingere il maggior numero di italiani a votare avendo la mente non ai problemi attuali dell'Italia, ma ai dossier esistenti negli archivi del comunismo internazionale e agli scheletri in essi contenuti». Intanto da Mosca il giornalista PCI-PDS, Giulietto Chiesa, corrispondente della "Stampa" e noto per la sua ostilità alla "svolta" di Eltsin, dichiara di aver rintracciato il testo originale della lettera di Togliatti presso il Centro russo per la conoscenza e lo studio dei documenti di storia contemporanea. In realtà non è Chiesa protagonista del ritrovamento. È l'inviato di Vacca a Mosca che viene fatto accomodare negli uffici dell'ex KGB.

Mentre sta leggendo un testo e senza che ne abbia fatto richiesta entra nella stanza un funzionario dell'Istituto che, senza aprire bocca, gli mette sul tavolo l'originale e quindi scompare. Il vertice dell'Istituto Gramsci organizza quindi la "smentita" di Andreucci usando il fido corrispondente del giornale della Fiat.

Rispetto a quanto pubblicato da Andreucci e Bigazzi – annuncia vittorioso Chiesa – vi sono dodici punti difformi. Ad esempio Togliatti usa l'espressione "vecchio Hegel" e non "divino Hegel". Non sembra mutare la sostanza: il rifiuto di intervenire per salvare la vita ai prigionieri e il considerare "pedagogico" lo sterminio.

---

108   Luciano Canfora, in un suo articolo dedicato ai falsi della storia, apparso sul "Corriere della Sera" il 25 aprile 1996, giudicava disinvoltamente e senza la minima incertezza la lettera come "falsificata", al fianco dei Protocolli di Sion, NdE.

Ma l'area PCI-PDS è ormai sicura di avere la prova che è tutta una invenzione e si mobilita per convincere che il senso della lettera è stato completamente distorto. Inizia così una massiccia campagna volta a riabilitare Togliatti: la lettera pubblicata da Panorama non è esattamente conforme all'originale, perciò è stata manomessa e pertanto diventa un falso. Alla fine, come vedremo, non sembra neppure essere mai esistita. Ecco il testo riconosciuto come veritiero anche dagli "antirevisionisti" e come tale poi riportato da Aldo Agosti nella biografia dedicata a Togliatti: «La nostra posizione di principio – scrive Togliatti – rispetto agli eserciti che hanno invaso la Unione Sovietica è stata definita da Stalin, e non vi è più niente da dire».
«Nella pratica, però, se un buon numero dei prigionieri morirà, in conseguenza delle dure condizioni di fatto, – specifica ancora Togliatti – non ci trovo assolutamente niente da dire. Anzi. E ti spiego il perché. Non c'è dubbio che il popolo italiano è stato avvelenato dalla ideologia imperialista e brigantesca del fascismo... Il fatto che per migliaia e migliaia di famiglie la guerra di Mussolini, e soprattutto la spedizione contro la Russia, si concludano con una tragedia, con un lutto personale, è il migliore e il più efficace degli antidoti».
«Quanto più largamente penetrerà nel popolo la convinzione – insiste Togliatti – che aggressione contro altri paesi significa rovina e morte per il proprio, significa rovina e morte per ogni cittadino individualmente preso, tanto meglio sarà per l'avvenire d'Italia».

Mentre Andreucci commenta che «comunque i contenuti delle parti rese note rimangono nella sostanza gli stessi», questa prosa è accolta nel febbraio 1992 con un senso di sollievo e di liberazione, come un fatto positivo e del tutto accettabile e condivisibile. Achille Occhetto va in televisione e dichiara che non è più agghiacciato e che all'epoca una simile lettera l'avrebbe "sottoscritta" anche lui. Parte quindi l'attacco in sede editoriale.
Ponte delle Grazie appartiene al 50% alla marchesa Bona Marchi Frescobaldi, mentre l'altro 50% è nelle mani dell'ingegner Giuseppe Materi, proprietario dell'Inglen Group di Calenzano, un'azienda per la produzione del vetro. Il 19 febbraio dopo la riunione dei soci Franco Andreucci deve dimettersi da consigliere delegato. In una nota, i soci della casa editrice «affermano la propria estraneità a quanto accaduto a seguito della pubblicazione della lettera di Togliatti da parte del prof. Andreucci. Rilevano che tali vicende hanno nuociuto all'immagine della loro casa editrice». A proposito degli «accordi di pubblicazione stipulati con Mosca», i soci si riservano «di valutare ulteriormente l'intera questione».

Il giorno dopo, 20 febbraio, un gruppo di studenti dell'Università di Pisa, dove Andreucci è professore associato, chiedono le sue dimissioni e ai suoi allievi di non dare più esami con lui. Nella bacheca dell'ateneo viene affissa una lettera aperta di studenti del PCI-PDS in cui il docente è accusato di «scoop da paparazzi per farsi un nome» e ne chiedono le dimissioni anche dal Dipartimento di Storia moderna e contemporanea «non solo per aver commesso un errore... ma per aver tradito la sua funzione di maestro di etica professionale e di rigore scientifico». Viene quindi convocata un'assemblea degli studenti per chiedere provvedimenti contro il docente.
Il corpo insegnante è già in moto. Direttore del Dipartimento dell'Università di Pisa è Adriano Prosperi.

Il 21 febbraio Prosperi annuncia alla stampa che l'argomento della lettera di Togliatti sarà affrontato in una riunione del Consiglio di dipartimento: «Non processeremo Franco Andreucci, ma trarremo spunto dall'episodio nel quale è stato coinvolto per compiere alcune riflessioni sulla condizione dell'uomo di cultura in un momento in cui si punta al sensazionalismo e all'enfatizzazione». «Tutta la faccenda – aggiunge Prosperi – ha molti lati oscuri».

Servizi segreti deviati? Comunque il giudizio è anticipato: Andreucci non perderà il posto, ma «ha commesso un errore». Il 27 febbraio Prosperi porta al voto un documento di condanna che scredita Franco Andreucci sbarrandogli l'iter accademico: «Il collega Franco Andreucci è venuto meno, in questa occasione, a una regola elementare nel nostro mestiere, quella che vieta di alterare le fonti». Parte quindi l'indagine penale. Da Roma vengono emesse informazioni di garanzia contro Francesco Bigazzi, Franco Andreucci e Franco Camerlinghi "per diffusione di notizie false e tendenziose atte a turbare l'ordine pubblico". Non è chiara la competenza di Roma in quanto Panorama è stampato nei pressi di Milano.

Si pensa quindi che il procedimento muova da quanto detto nella conferenza stampa convocata il 6 febbraio nella capitale sull'accordo per gli archivi. Nel testo firmato dal pretore Mario Ardigò – secondo Camerlinghi – si fa anche riferimento «all'influenza esercitata dalle notizie circa la lettera di Togliatti sulle prossime elezioni politiche e sull'elezione del Presidente della Repubblica».

Quindi – su ordine del magistrato romano – entrano in azione le squadre della Digos contemporaneamente a Roma, Milano e Firenze. Con eco spettacolare si procede alla perquisizione di Panorama, delle abitazioni di Andreucci, di Bigazzi, di Camerlinghi e della sede della casa editrice Ponte delle Grazie.

L'inchiesta sarà poi archiviata, ma all'epoca si diffonde l'idea che la divulgazione della lettera di Togliatti sia stata una manovra criminale. Ça va sans dire, gli accordi sulla pubblicazione dei documenti conservati negli archivi sovietici non avranno seguito. Nell'opinione pubblica la figura di Togliatti viene riabilitata. Anzi la lettera è come se non fosse mai esistita. Così, ad esempio, scrive Ignazio Ariemma, addetto stampa di Occhetto, nel suo libro dedicato agli anni della trasformazione del PCI in PDS, La casa brucia: «Vennero rivelazioni su Togliatti, alcune di esse si dimostrarono falsi storici, come la presunta lettera sulla mancata salvezza dei soldati italiani nella seconda guerra mondiale»[109].

Da parte sua Aldo Agosti, nella biografia, ammette che quelle della lettera a Bianco sono "parole gravi" e che vi è «qualcosa di inquietante nello sfoggio di fredda razionalità con cui Ercoli riconduce una tragica vicenda umana alla logica ferrea della storia quando afferma di non riuscire a vedere nelle "durezze oggettive" che possono "provocare la fine" di molti prigionieri "altro che la concreta espressione di quella giustizia che il vecchio Hegel diceva essere immanente a tutta la storia"». Ma lo storico "antirevisionista" propone una lettura piattamente giustificazionista appellandosi al contesto: «Inquadrato nel suo contesto il brano della lettera a Bianco va letto all'interno della logica tragica di una guerra spietata che è arrivata ormai alla stretta decisiva»[110].

Ad Agosti sfugge infatti che l'orrore che provocano le parole di Togliatti e la decisione di Stalin sulla sorte dei soldati italiani deriva proprio dalla assoluta inutilità del loro sterminio sul piano bellico e da una logica di mera rappresaglia, di vile ferocia "pedagogica". Secondo Agosti «la pedagogia della sofferenza» teorizzata nella lettera di Togliatti solo «fuori da quel contesto può essere spietata». Non ammette che fu invece – comunque – spietata. Si trattò cioè di un autentico crimine di guerra compiuto contro soldati che erano ormai prigionieri. Quel che poi colpisce è come, nella difesa oltranzista di Togliatti, si finisca per "giustificare" un testo in cui il leader del PCI convalida proprio la più controversa tesi di Renzo De Felice a proposito del vasto consenso del fascismo nel popolo italiano. Scriveva infatti Togliatti (sempre secondo la versione autenticata da Agosti):«È difficile, anzi

---

109 Iginio Ariemma, *La casa brucia*, Marsilio, Venezia 2000, p. 95.
110 Aldo Agosti, *Palmiro Togliatti*, pp. 262-263.

impossibile, distinguere in un popolo chi è responsabile di una politica da chi non lo è, soprattutto quando non si vede nel popolo una lotta aperta contro la politica delle classi dirigenti». È così che – esaltando Togliatti – l'"antirevi-sionismo" è costretto a riconoscere le ragioni del "revisionismo".

In conclusione: del materiale dell'Ufficio Quadri del Komintern sulla schedatura dei dirigenti del PCI, sull'azione degli infiltrati comunisti negli altri partiti antifascisti e sui perseguitati politici – dopo 10 anni – non si è più saputo nulla e nessuno ormai ricorda che quella documentazione esiste.

ITALIANI BRAVA GENTE
COME FILM SOVIETICO PUO' ANDARE; ANZI NEMMENO!

di M. Altarui

Recensione apparsa su "Fiamme verdi", periodico dell'Asso-ciazione Nazionale Alpini, sezione di Conegliano, dicembre 1964.

Nella mia città - decorata di Medaglia d'Oro al Valore Militare - era in programma (in un cinema di proprietà del Comune e a gestione privata) il film ITALIANI BRAVA GENTE; era proprio il 4 Novembre (nei giorni precedenti era apparsa sui giornali la preghiera che la pellicola non venisse proiettata almeno per quel giorno) e, in vena di peccato pure io, vi andai. Sono state le mie quattrocento lire peggio spese dell'anno.

Ho detto all'inizio che come film sovietico il lavoro di De Santis può andare, ma è doveroso precisare che ciò è ammissibile per quanto concerne la finalità e il contenuto poiché sarebbe un'offesa pensare che i russi producano film di un livello artistico così scadente; ma, anche per quanto concerne l'essenza del film è da porre dubbi che i russi sarebbero da soli caduti in una retorica tanto bolsa e puerile.

Ad ogni modo la pellicola ha avuto la sua presentazione con la serie dei nomi dei... realizzatori (stavo per dire «responsabili») quasi tutti evidenziati in coppia come innamorati: uno italiano e uno russo, uno russo e l'altro italiano e così via.

I fatti descritti — che il produttore Giuseppe De Santis afferma come «incontestabili» anche per quanto concerne i luoghi descritti — sono stati contestati proprio dal Gen. Chiaramonti che al tempo degli avvenimenti era colonnello e che, comandando il reparto operante nella precisata zona del Bug, si è sentito identificato nella figura del comandante peraltro interpretata in modo encomiabile da Andrea Checchi. Ritenendo che il produttore non sia esattamente informato, io propendo a credere più al Generale Chiaramonti che a Giuseppe De Santis.

Il film meriterebbe un'ampia descrizione ma devo tralasciare molti dettagli anche perché non afferravo spesso il dialogo quasi sempre dialettale dei soldati italiani mentre risultava che i russi capivano benissimo il romanesco, il bergamasco e il napoletano.

Il film si basa sulla seguente classificazione ormai giunta alla noia:
- i russi tutti eroici e generosi; la popolazione russa paziente, sprezzante e perseguitata;
- i tedeschi tutti carogne con l'attenuante dei disertori; e ci hanno messo anche qui i cani perché, essendoci una razza di «pastori tedeschi» sembra necessario dimostrare che anche i cani erano sanguinose SS che abbaiavano «*Heil Hitler*»;
- i fascisti altrettante carogne: ladri, stupratori, sbruffoni, vili, ecc;
- gli italiani (cioè i soldati dell'esercito), di volta in volta ingenui, scadenti nelle azioni, disertori, con gli ufficiali rassegnati e il sergente fetente e vile: in sostanza, dei bravi imbecilli anziché della brava gente.

Parte degli spettatori rideva alle battute di Raffaele che impersonava il soldato Libero Gabrielli; una delle più belle (e commoventi) era appunto quella del soldato Gabrielli che riferì quanto il padre gli disse alla partenza: «Vieni a casa se no t'ammazzo!» E la gente rideva, come quando i soldati dicevano che i morti fertilizzavano la terra meglio del concime ed infine quando Gabrielli disse: «Non potevano lasciarmi a casa? Soldato più, soldato meno; qui (ridendo) siamo tutti dei militi ignoti; eh! (con evidente riferimento) io il monumento ce l'ho già!».

Un soldato riceve una lettera da casa dopo un anno (ed è una balla) con la notizia che gli è morto il nonno; e allora il soggettista gli fa dire, quasi che fosse una cosa spiritosa: «Ma come faccio a piangere la morte del nonno dopo un anno?!». A questa scenata gli spettatori ridono.

Penosa era la scena della retata di popolazione russa che canta impavida l'*Internazionale* malgrado le botte dei tedeschi. Vero ma avvenuto in Grecia l'episodio del soldato Sanna (sardo e non pugliese di Cerignola) che rompe la faccia a testate a un tedesco che gl'impediva di dare un pezzo di pane a colui che aveva iniziato a cantare; il fatto riguarda invece l'offerta del pane a un bambino greco affamato, e se a qualcuno interessa descriverò la circostanza in altra occasione[111]. Quella dei soldati che rubano gli orologi è una pagliacciata anche perché si vedevano (nel film) contadinelle prive persino di sottoveste e di scarpe ma con un orologio al polso di fabbricazione almeno svizzera, di foggia modernissima ed elegante cinturino, che si sentiva lontano un miglio ch'era appena uscito di negozio.

La popolazione dava del fascista a tutti i nostri soldati con un coraggioso disprezzo degno di miglior causa.

I fascisti hanno nel film una intensa citazione. Razziatori e saccheggiatori, inseguitori di ragazze con tentativo di violenza in cinque o sei per una (evidente ingenerosa copiatura, anche nei particolari fotografici, dell'analoga sequenza del film «La ciociara» il cui fondamento storico è chiaramente provato grazie alla «civiltà» del Comando Alleato in Italia!) e provvidenziale intervento del soldato Gabrielli che fa però dedurre che non in tutti i casi può esserci stato un nostro soldato ad intervenire con bombe a mano. Tant'è vero che, per punizione provocata dal comandante delle camicie nere, il reparto del nostro esercito viene rinviato in prima linea.

Sul maggiore (mi sembra che si dicesse «seniore») delle camicie nere c'è tutta una storia e quando arriva a bordo di un'autoblinda (in uno stadio con l'enorme scritta «vincere» e quadri di Mussolini, scritte fasciste, ecc.) si prende una palla di neve in testa mentre esce dal portello. Questo ipotetico comandante dei «superarditi» fascisti si dimostra violento (schiaffeggia un cuciniere), accusa di disfattismo gli altri (e tira fuori il «tutti eroi o tutti accoppati»), insubordinato nei confronti del colonnello, vile fingendo di essere mutilato di una mano che poi risulta essere ben sana per guidare un camion nella ritirata e per sparare a due nostri militari finendo poi male (linciato forse come parrebbe significare quel guanto nero abbandonato sulla neve) per la reazione dei soldati.

Tanto per non mettere dubbi che anche tra i soldati dell'esercito c'erano dei sanguinari fascisti, l'estensore del film inventa un sergente feroce (gli americani creano per i loro film i sergenti che da soli vincono la guerra: e fa altrettanto schifo) che dà dei traditori ai propri subordinati e che ammazza vilmente un soldato russo che allegramente si contende, con un nostro soldato, il possesso di una candida lepre uccisa tra le due opposte trincee. Anche per questa scena il regista ha usato i due prototipi di soldati: il russo gigantesco, dall'infantile espressione di vigorosa bontà e che muore con una smorfia d'incredulità e di rassegnato disprezzo; il nostro soldato esile e con un'espressione quasi ebete che, colpito, cade col viso contratto in una grinta rabbiosa e maledicente.

Altra figura ridicola il film riserva al tenente medico: napoletano, lavativo, raccomandato, con addosso un impermeabilino borghese bianco che usano i signorini di oggi e non di vent'anni fa. Avviene che il capo partigiano (quello che in precedenza aveva solennemente iniziato a cantare l'*Internazionale*) si reca a chiedere l'aiuto del medico italiano per curare un ferito russo ed offrendo se stesso quale ostaggio. Finalmente, dopo un dialogo in cui la titubanza dei nostri è contrapposta alla fermezza del partigiano, il tenente medico parte con i russi e durante il viaggio parla in napoletano e i russi lo capiscono ed ascoltano con facciotte bonarie; perché non si sporchi i lucidi stivali lo

---

111 In realtà l'episodio è frutto della fantasia dello scrittore Gian Carlo Fusco, vedi nota 27.

portano persino in braccio, e lui — pazzerello — che parla un po' di tutto chiedendo tra l'altro: «Ma se siete atei come fate a bestemmiare?!». Intanto se la prende comoda, non si lascia bendare che da una sfolgorante partigiana e cura il ferito (la dottoressa russa è ferita ad una mano!) e viene alla fine anche festeggiato. Al ritorno una pattuglia tedesca ammazza medico ed accompagnatori (questi, tanto per cambiare, avevano reagito con immediatezza) e gli italiani, non vedendo tornare il proprio medico, impiccano il partigiano.

Questa circostanza (e la data 12-4-1942) è stata confrontata dal Generale Chiaramonti prima citato, come pure la fucilazione di alcuni borghesi russi come vendetta per aver fatto saltare una fabbrica che poi in realtà non è mai esistita.

Naturalmente, in tutti i combattimenti, si vede che pochi russi fanno fuori centinaia di nostri soldati (scene da film western americani!); persino un carrista, avuto il mezzo immobilizzato (per un guasto, eh!) esce decisamente dal portello col mitra e fa fuori almeno un plotone italiano.

Quando poi i russi sfondano il fronte le sequenze del film diventano caotiche; alla fine il colonnello italiano è costretto ad arrendersi e, mentre raccoglie lentamente le piastrine di riconoscimento dei morti ai quali rivolge il saluto col rituale «Onore ai Caduti», i russi tutti attorno se ne stanno buoni e comprensivi ad osservare!

Beh! Adesso sono anche stufo di raccontarvele tutte, ma avrete capito ugualmente che, salvo qualche limitatissimo pregio, il film fa veramente disgusto soprattutto pensando che esso è stato realizzato pestando anche materialmente quel terreno e quella neve che ancora ricoprono i resti dei nostri soldati.

I realizzatori del film hanno reso un pessimo servizio proprio ai russi. Anzitutto perché vogliono mettere in ridicolo il nazionalismo (che non piace nemmeno a noi essendo una degenerazione del vero patriottismo) che è stata la più potente leva con la quale il comando russo ha agito sui sentimenti del popolo e dell'esercito, e soprattutto perché, con «Italiani brava gente», hanno sminuito la vittoria dell'esercito sovietico sull'eroismo del quale noi non vogliamo porre dubbi. Infatti, se due soli russi eliminavano mezzo reggimento italiano e pochi cosacchi sfasciavano con tanta facilità le divisioni tedesche, si deduce che quella dei russi è una gloriuzza da *Ragazzi della via Paal*.

Non è forse meglio ammettere che, pur essendosi rivelato invincibile, l'esercito russo ebbe dei degni avversari? Italiani e tedeschi che, pur nella diffusa poca convinzione di vittoria, hanno fatto costare ai russi milioni di morti alla memoria dei quali, egregio Signor De Santis, io m'inchino con la stessa pietà che nutro per i nostri Caduti verso i quali sento, come differenziazione, un fraterno sconfinato e dolente affetto.

BIBLIOGRAFIA

P. Abbot, N. Thomas 1982, *Germany's Eastern Front Allies*, Oxford

M. Afiero 2001, *I volontari stranieri di Hitler. Storia dei volontari stranieri arruolati nelle Forze armate tedesche*, Milano

M. Afiero 2002, "I volontari croati sul fronte dell'Est", *Storia e Battaglie* 19 (2002)

C. Ailsby 1994, *World War 2 German Medals and Political Awards*, London

C. Ailsby 1998, *SS: Hell on the Eastern Front*, Osceola

C. Amè 1954, *Guerra segreta in Italia 1940-1943*, Roma

C. Andrew, O. Gordievskij 1990, *KGB. The Inside History of its Foreign Operations from Lenin to Gorbaciov*, London (trad. it., Milano 1993)

M. Axworthy, C. Scafes, C. Craciuniou 1995, *Third Axis, Fourth Ally. The Rumenian Army of World War II*, London.

C. Barret (cur.) 1989, *Hitler's Generals* London (tr. it. Milano 1991)

O. Bartov 1985, *Eastern Front 1941-45. German Troops and the Barbarisation of Warfare*, London

J. Baudin (ed.) 1973, *La Legione* Tagliamento, in *Vita e morte del soldato italiano nella guerra senza fortuna*, IV, Ginevra

G. Bedeschi 1963, *Centomila gavette di ghiaccio*, Milano

G. Bedeschi 1972, *Nikolajewka: c'ero anch'io*, Milano

G. Bedeschi 1980, *Gli italiani nella Campagna di Russia del 1941 al 1943,* in C. de Laugier, G. Bedeschi, *Gli italiani in Russia. 1812. 1941- 1943*, Milano

G. Bedeschi 2005, *Fronte russo c'ero* anch'io, 2 voll., Milano

A. Beevor 1998, *Stalingrad*, London (tr. it. Milano 2000)

S. Bertelli, F. Bigazzi 2001, *P.C.I.: la storia dimenticata*, Milano

O. Bovio 1999, *In alto la bandiera. Storia del Regio Esercito*, Foggia

F. Bigazzi, E. Žirnov 2002, *Gli ultimi 28. La storia incredibile dei prigionieri italiani dimenticati in Russia*, Milano

G. Bucciante 1987, *I generali della dittatura*, Milano

P. Calamai 2002, in P. Calamai, N. Pancaldi, M. Fusco, *Marò della X^a Flottiglia MAS*, Bologna

F. Cappellano 2002, *"Scarpe di cartone e divise di tela..." Gli stereotipi e la realtà sugli equipaggiamenti delle truppe italiane in Russia durante la Seconda guerra Mondiale,* "Storia militare" 10.

M. Carloni 1956, *La campagna di Russia*, Milano

P.A. Carnier 1990, *L'armata cosacca in Italia 1944-1945*, Milano

P. Carrell (P. Schmidt) 1963, *Untenehmen Barbarossa. Der Marsch nach Russland*, Frankfurt a.M. - Berlin (tr.it. Milano 2000)

P. Carrell (P. Schmidt) 1966, *Verbrannte Erde*, Frankfurt a.M. - Berlin (tr.it. Milano 2000)

U. Cavallero 1984, *Diario 1940-1943* (a cura di G. Bucciante), Roma

L. Ceva 1982, *Africa settentrionale 1940- 1943*, Roma

G. Ciano 1990, *Diario 1937-1943* (a cura di R. De Felice), Milano

P. Cavallo 1997, *Italiani in guerra. Sentimenti e immagini dal 1940 al 1943*, Bologna

Com. Divisione *Sassari, Il LXIII battaglione* Sassari *della Legione* Tagliamento, s.a.i.

Commissione Ministeriale d'Indagine sul presunto eccidio di Leopoli avvenuto nell'anno 1943 1988, *Relazione conclusiva*. Roma

R.Conquest 1968, *The Great Terror*, (tr. it della 3ª ed., Milano 1999)

F. Conti 1986, *I prigionieri di guerra italiani 1940- 1945*, Bologna

S. Corvaja 1982, *Mussolini nella tana del lupo*, Milano

P. Crociani, P.P. Battistelli 2010, *Italian Blackshirt 1935- 1945*, Oxford

P. Cucut 2008, *Penne Nere sul confine orientale. Storia del Reggimento Alpini "Tagliamento" 1943-1945*, Voghera

M. D'Auria 1974, *L'Armata della neve. La tragedia dei soldati italiani in Russia*, Roma

F.W. Deakin 1962, *The Brutal Friendship. Mussolini, Hitler and the Fall of Italian Fascism*, London (tr. it. Torino 1970)

R. De Felice 1990, *Mussolini l'alleato. 1. L'Italia in guerra 1940-43. 1. Dalla guerra "breve" alla guerra lunga*, Torino.

R. De Felice 1990b, *Mussolini l'alleato. 1. L'Italia in guerra 1940-43.2 Crisi e agonia del regime*, Torino

D. Del Giudice 2003, "L'85° Battaglione Camicie Nere. Storia ed impiego dal 1937 al 1945", *Storia e battaglie* 22 (2003)

N. Della Volpe 1998, *Esercito e propaganda nella Seconda Guerra Mondiale*, Roma

V. Di Michele 2009, *Io, prigioniero in Russia. Dal diario di Alfonso Di Michele*, Firenze

A. Emiliani, G.F. Ghergo, A. Vigna 1974, *Regia Aeronautica: Balcani e Fronte Orientale*, Milano.

S. Fabei 2008, *La "Legione Straniera" di Mussolini*, Milano

E. Faldella 1959, *L'Italia nella seconda guerra mondiale. Revisione di giudizi*, Bologna

J. Fest, 1973, *Hitler. Eine Biographie*, Frankfurt a.M., Berlin, Wien (tr. it. Milano 1974)

G.C. Fusco 2004, *La lunga marcia*, Palermo

E. Galbiati 1942a, *La Milizia al vaglio della guerra*, Milano

E. Galbiati 1942b, *Battaglioni M*, Roma

V. P. Galitzki, 1993, *Il tragico Don. L'odissea dei prigionieri italiani nei documenti russi*, Varese

V. P. Galitzkij 2001, *"Il più efficace degli antidoti". La morte dei prigionieri italiani in Russia*, in S. Bertelli, F. Bigazzi (curr.), *P.C.I.: la storia dimenticata*, Milano

F. Gambetti 1974, *Gli anni che scottano*, Milano

M. Gandini 1963, *La caduta di Varsavia*, Milano

M. Garofalo, P. Langella, A. Miele 1997, *i Bersaglieri. Le origini, l'epopea e la gloria*, Udine

A Giovanditto 1977, *Panzer all'attacco. La guerra dei Carri dalla Russia a Berlino*, Roma

D. Glantz, J. House 1995, *When Titans Clashed: How the Red Army Stopped Hitler*, Lawrence

J. Goldstein 2003, "Stalingrad and the end of German Invincibility", *Strategy and Tactics* 219 (2003)

Gruppo Medaglie d'Oro al Valor Militare 1965-1973, *Le Medaglie d'Oro al Valor Militare*, I-III, Roma

H. Heiber, D.M. Glantz (edd.) 1962, *Hitlers Lagebesprechungen. Die Protokollfragmenten seiner militärischen Konferenzen 1942-1945*, München (tr. ingl. London 2002)

D. Irving 1989, *Hitler's War*, London (tr.it. Roma 2001)

S. Jowett 2000, *The Italian Army 1940- 1945 [1] Europe 1940- 43*, Oxford

L. Lami 1970, *Isbushenkij l'ultima carica*, Milano.

B. Liddel Hart 1956, *The Other Side of the Hill. The German Generals talk*, London (tr.it. Milano 1979)

L. Lenzi 1968, *Dal Dnjeper al Don. Storia della 63a Legione CC.NN. Tagliamento nella campagna di Russia*, Roma

L. E. Longo 1991, *I "Reparti speciali" italiani nella Seconda Guerra Mondiale 1940-1943*, Milano

E. Lucas, G. De Vecchi 1976, *Storia delle unità combattenti della M.V.S.N.*, Roma

J. Lucas 1992, *Hitler's Mountain Troops*, London (tr.it. Milano 1997)

K. Macksey 1996, *Why the Germans Lose at War. The Myth of German Military Superiority*, London

D. Mack Smith 1976, *Le guerre del Duce*, tr. it. Roma- Bari

N. Malizia 1987, *Ali sulla Steppa, la Regia Aeronautica nella Campagna di Russia*, Roma

A. Massignani 1991, *Alpini e Tedeschi sul Don*, Valdagno

G. Massimello, G. Apostolo 2000, *Italian Aces of World War II*, Oxford

C. Merridale 2006, *Ivan's War. The Red Army 1939-45*, London

S. Merrit Miner 2006, *Stalin's Holy War. Religion, Nationalism and Alliance Politics, 1941-1945*, Raleigh NC

G. Messe 1963, *La guerra al fronte russo. Il Corpo di Spedizione Italiano in Russia (C.S.I.R.)*, Va ed, Milano

A Mollo 1981, *The Armed Forces of World War II*, London (tr. it. Novara 1982)

F. Paulus 1960, *Ich stehe hier auf Befehl!*, Frankfurt a.M. (tr.it. Milano 1968)

A. Rati 2005, *L'80° fanteria. La lunga storia eroica di un reggimento mantovano diventata leggenda*, Mantova

N. Revelli 1966, *La strada del davai*, Torino

N. Revelli 1989, *L'ultimo fronte*, Torino

N. Revelli 2001, *Mai tardi. Diario di un alpino in Russia*, Torino

A. Ricchezza 1972, *Storia illustrata di tutta la Campagna di Russia*, Milano

O. Ricchi, L. Striuli 2007, *Fronte Russo. C.S.I.R. Operations 1941- 1942,* Virginia Beach

E. von Rintelen 1947, *Mussolini l'alleato*, Roma

P. Romeo di Colloredo 2008, *I Pretoriani di Mussolini. Storia militare delle camicie nere, 1923-1943*, Roma 2008

P. Romeo di Colloredo 2009, *Emme Rossa! Le camicie nere sul fronte russo 1941- 1943*, Genova

P. Romeo di Colloredo 2010, *Croce di ghiaccio. CSIR e ARM.I.R. in Russia 1941-1943*, Genova

G. Rosignoli 1995, *M.V.S.N.. Storia, organizzazione, uniformi e distintivi*, Parma

A. Rosselli 2002, "Le forze romene a Stalingrado", *Storia e Battaglie* 19 (2002)

G. Scotoni 2007, *L'Armata Rossa e la disfatta italiana*, Trento

B. Shepherd 2006, *War in the Wild East. The German Army and Soviet Partisans*, Harvard

T. Schlemmer 2005, *Die Italiener an der Ostfront 1942/1943. Dokumente zu Mussolinis krieg gegen die Sowjetunion*, München-Berlin (tr. it. Roma-Bari 2009)

D. Susmel 1981, *I dieci mesi terribili. Da El Alamein al 25 luglio 1943*, Roma

N. Thomas 1993, *Partisan Warfare 1941-45*, Oxford

C. Tomaselli 1943, *Battaglia sul Don*, Milano-Roma

Ufficio Storico dello Stato Maggiore dell'Esercito 1946, *L'8ª Armata italiana nella Seconda battaglia difensiva del Don (11 gennaio 1942-31 gennaio 1943)*, Roma

Ufficio Storico dello Stato Maggiore dell'Esercito 1948, *Le operazioni del C.S.I.R. e dell'Armir dal giugno 1941 all'ottobre 1942*, Roma

Ufficio Storico dello Stato Maggiore dell'Esercito 1978, *L'Italia nella Relazione Ufficiale Sovietica sulla Seconda Guerra Mondiale*, Roma

Ufficio Storico dello Stato Maggiore dell'Esercito 2000, *Le operazioni delle Unità italiane al Fronte russo*, IV ed., Roma

L. Vaglica 2006, *I prigionieri di guerra italiani in URSS. Tra propaganda e rieducazione politica: "L'Alba" 1943-1946*, Milano 2006

F. Valori 1967, *Gli italiani in Russia. La Campagna del C.S.I.R. e dell'ARMIR*, Milano

B. Vandano 1964, *I disperati del Don. La battaglia del Don 1942-1943*, Milano

A. Werth 1964, *Russia at War 1941-45*, New York

J. Wieder 1962, *Stalingrad und die Verantwortung des Soldaten*, München (tr.it. Milano 1967)

G. Williamson 2004, *The Waffen SS (2) 6. to 10. Divisions*, Oxford

J. Whittam 1977, *The Politics of the Italian Army*, London (tr.it. Milano 1979)

R. Zizzo 1996, *1942-1943. La tragedia dell'ARM.I.R. nella Campagna di Russia*, Campobasso

L'AUTORE

Pierluigi Romeo di Colloredo è nato a Roma l'11 febbraio 1966. Archeologo e storico, si è laureato in Lettere presso l'Università di Roma La Sapienza con tesi in Egittologia; si è specializzato in Archeologia Orientale (indirizzo egittologico) ed ha conseguito il Dottorato di ricerca presso l'Università *degli Studi di Venezia "Cà Foscari"*.

Ha prestato servizio militare come Ufficiale dei Granatieri di Sardegna ed è Capitano della Riserva qualificata. Appassionato di storia militare, è autore, a fianco della produzione scientifica legata alla sua attivit*à, di numerosi saggi storici, e in particolare di una serie d'opere bas*ilari sui reparti delle Camicie Nere, presenti anche nella Library of Congress di Washington e nelle biblioteche delle università di Berkeley, Stanford e Toronto; *Emme Rossa! Le Camicie Nere sul Fronte Russo* è stato citato tra i Reference Works su "Holocaust and Genocide Studies", Volume 23, Number 2, Fall 2009, rivista pubblicata dall'Università di Oxford.

INDICE

Nota introduttiva   3

Invasori fascisti o talianskij karashoi?
La campagna di Russia tra mito e rimozione   7

Gli sciacalli dell'ARM.I.R.
Leopoli, una strage mai avvenuta   21

Appendici   29

Documenti   31

Un Ufficiale esemplare: il Colonnello Mario Carloni   39

Scheda biografica di Benvenuto (Nuto) Revelli   46

La lettera di Togliatti sui prigionieri dell'ARM.I.R.
di Ugo Finetti   49

Il film "Italiani brava gente"
di M. Altarui   55

Bibliografia   59

L'autore   63

www.ingramcontent.com/pod-product-compliance
Lightning Source LLC
LaVergne TN
LVHW081546070526
838199LV00057B/3797